107

# 경제, 거대한 사탄인가?

### 필리프 프티, 테레즈 지로와의 대담

**피에르 노엘 지로**

김교신 옮김

# 東 文 選

경제, 거대한 사탄인가?

Pierre-Noël Giraud

Économie, le grand satan?

## 경제의 올바른 용법 ———————————————————— 11

## 금융 시장의 독재? ———————————————————— 43

## 노동의 글로벌라이제이션 ———————————————— 69

## 국가가 할 수 있는 것 ———————————————————— 117

# 서 문

그렇다면 오늘날 정치 표상의 위기에 다른 의미는 없고, 오직 우리가 그것을 경제에 관한 담론의 잠재적 증가의 탓으로 돌리기 때문에 벌어진 일일까? 정치와 경제를 합병시키고자 하는 것보다 위험한 일은 없다. 정부의 역할과 사람들의 정치적 역량을 혼동하는 것보다 더 금지되는 일은 없다. **사실들(facto)**로부터 경제에 속하는 것을 분리하여 정치적 역량을 드러내지 않는다면 탁월한 사상과 신자유주의의 재앙을 한탄한들 무슨 소용이 있겠는가?

시민들에게 역사적 지표가 결여되어 있다는 것과 무역의 세계화가 하나의 숙명이라는 것을 끝없이 반복하여 말한 나머지, 그들은 이제 정치와 경제가 공통의 이해를 위해 손을 잡았다고 확신하기에 이르렀다. 정치는 경제의 관리관이 되었고, 또 경제는 끊임없이 우리에게 정치적 결정을 견제할 필요성을 환기시키고 있다. 그것의 장점을 칭찬하기 위해서든, 아니면 그것의 공포를 말하기 위해서든 엄청난 수의 경제학자들 · 논객들 · 기자들이 경제학을 가로채 세상의 경영에 관한 그들의 견해를 제시해 왔다. 물론 그들이 모두 같은 곤란에 직면한 것은 아니며 대개는 시장의 순수 논리를 거부하고 있지만, 경제 현상에 접근하는 방법면에서는 볼셰비키들(과격파)일 때가 아주 많다.

이 저자들의 일반적인 경향은 경제가 지배적인 역할을 한다고 보고, 여러 수준의 합리성을 뒤섞고 사회 전체에 관한 하나의 이론을 완성코자 한다는 점이다. 그들이 보기에 경제는 사회 생활을 파악하는 열려라 참깨인 것이다. 피에르 노엘 지로는 더 엄격하다. CERNA(파리 광산학교)의 연구원이고 1996년 발간된 《세상의 불평등》으로 주목받은 저자인 그는, 그의 일부 동료들보다 더 신중하면서도 충고하는 것은 꺼리는 사람이다. 그에 의하면 정치는 의식에 관한 문제로서 국가에 예속되어 있지 않으며, 경제에 종속되어서는 안 된다. 그는 자신의 법칙을 강요하고 역사의 **개혁자**로 자처하는 경제학자에 속하지 않는다. 이렇게 말해도 된다면, 그의 영역은 세계적 차원에서의 부의 분배로서, 그가 특히 좋아하는 주제는 불평등이다. 왜냐하면 순수한 화폐가 존재하지 않듯 절대적인 부도 더 이상 존재하지 않기 때문이다. 원칙적으로 부는 상대적이며, 우리는 항상 누군가보다는 가난하거나 부유하다. 마찬가지로 미셸 아글리에타에 따르면 돈은 "상업 경제의 사회적 유대이며 (…) 개인─사회 관계의 집단적 극점"으로, 그것에 의해 개인들을 서로에게 결속시켜 주는 부채의 규칙이 행해진다. 또한 물질적 부는 시간과 공간 안에서 다른 물질적 부에 덧붙여진 형태로만 존재한다. 우리는 자본주의 국가들의 오랜 역사 안에서 그것을 보아야만 오늘날 세상에서 벌어지는 불평등의 움직임을 이해할 수 있다. 일례로 18세기에 중국 · 인도 · 유럽은 거의 비슷한 정도의 생활 수준을 누렸다거나, 1998년 현재 프랑스의 최저임금생활자가 1977년보다 두 배 잘 산다는 것을 확인하는 것이 순수한 사실 보도만은 아니다. 그것은 우리에게 부의 정도를 비교하는 데에는 커다란 어려움이 뒤따른다는 것을 가르쳐 준다.

이런 점에서 페르낭 브로델과 폴 베로크의 사상을 추종하는 피에르 노엘 지로는 역사도 정치철학도 얕보지 않는 경제학자이다. 하지만 그는 예언자 역할을 원치 않으며, 모든 이를 대표해서 말하기를 바라지도 않는다. 왜냐하면 미래는 경제역학에 의해서도 미리 기술되지 않기 때문이다. 국가의 역사와 경제역학의 역사 사이에 맺어지는 미묘한 변증법을 밝히기 위해, 그는 다만 변하지 않는 경제적 행동들을 따로 떼어 놓고 그것들을 더 잘 이해하고 서술한다. 그의 의도는 경제를 정치적 또는 형이상학적 목적(스미스에 따르면 인간 본성의 성향은 하나의 물건을 다른 것과 맞바꾸고 교환하는 것이라고 한다)을 가진 도구로 보지 말고, '경제 현상과 경제 정책간의 경계'를 분명히 하자는 것이다. 이것은 '효율적인' 경제 정책의 지지자들이 중시하는 '그것은 어디에밖에 없다'라는 표현과는 거리가 멀다. 그에게서 성장, 그리고 항상 더 많은 것을 추구하는 자들을 숭배하는 경향은 찾아보기 힘들다. 따라서 여러분은 우리 삼자간의 대화에서 아무도 희생시키지 않으면서 프랑스의 진로를 바꾸고, 실업 문제를 해결할 수 있는 훌륭한 정책에 관해 합의된 진술을 발견할 수는 없을 것이다. 하지만 그 대신 여러분은 경제학 입문자나 전문가 모두를 만족시킬 수 있는 현대 자본주의에 관한 분석들을 발견할 수 있을 것이며, 우리는 그러길 바란다. 이 책을 읽는 시민은 젊은이들의 실업, 프랑스의 공공 서비스, 연금 기금, 유럽 건설 등등처럼 까다로운 문제들에 관해 경제역학 현장의 상황에 대한 개념을 얻을 수 있을 뿐 아니라, 그가 살고 싶은 사회를 결정하는 데 한몫을 하도록 권유받게 될 것이다. 그는 유목민적 국가든 정착민적 국가든 또는 둘이 결합하여 이룩한, 어쨌든 그들의 역사 안에서 다시 일어난 세계의 자본주의들을 더 이상 얼굴 없는 괴물들로 보지 않고 전체적으로 준안정적인 구조를 지닌 하나의 총체로 보게 될 것이다. 만일 그가 국사에 헌신하는 쪽을 택한다면, 그 구조의 방향까지 바꿀 수 있을지 모른다. 하지만 그것은 또 다른 문제이다……

필리프 프티

# 경제의 올바른 용법

채 2년도 안 되는 사이에 공포, 환상, 사기 협잡, 행복 등의 단어에 '경제의'라는 형용사가 붙은 제목의 책들이 많이 나타났다. 경제는 가장 논쟁을 좋아하지 않는 사람을 위한 주제이다. 당신은 왜 그렇다고 생각하는가?

'경제'라는 단어는 두 가지를 의미한다. 그것은 첫째, 여러 가지 현상들을 가리킨다. 물질적 풍요의 증대나 침체, 인플레이션, 실업, 소득 불평등의 증가, 금융 거래의 폭발, 투기 거품과 공황, 기업들이 저임금 국가로 진출하여 지방색을 없애는 것이 그러한 예이다. 한편 경제는 이러한 현상들에 관한 분석적 담론으로서, 18세기 중반의 애덤 스미스에 이르러서야 인간 사회에 관한 여타 담론들로부터 완전히 독립한다. 그때부터 이 용어는 법칙을 수립할 수 있고, 정부가 해야 할 일을 명령할 수 있는 하나의 어엿한 학문으로 등장한다. 오늘날 많은 사람들에게 경제는 이 용어의 두 가지 의미 안에서 악마의 화신이 되어 버린 반면, 또 다른 사람들은 그것을 힘차게 옹호한다.

경제의 첫번째 의미, 즉 현상들을 가리키는 의미에서 그것의 수용 불가능한 특성을 고발하고 주장하는 목소리가 점점 더 커지고 있다. "경제가 모든 것은 아니다" "상품의 지배와 금융 시장의 독재를 타도하라" "모든 것이 팔기 위해 존재하는 것은 아니다" 등이 그것이다. 요컨대 "인생에 경제만 있는 것은 아니다"라는 주장이다. 하지만 경제 논리에 따르면, 각각의 당사자들이 자신의 이기적인 이익을 추구하는 행위를 할 때 모든 시장의 자유로운 기능의 범주 안에서 최대의 효과가 나온다. 즉 인류가 소유한 생산적 자원에 비추어 가능한 최대의 부가 생산된다는 것이다. 그 결과 만일 현실 경제가 '잘 굴러가지 않으면' 대부분의 경제학자들은 그것이 경제가 다른 것들을 침범해서가 아니라 그와는 정반대로 시장의 훌륭한 기능에 족쇄가 채워졌기 때문이라는 진단을 내리게 된 것이다. 그렇기 때문에 그들은 더 많은 경쟁과 시장, 더 많은 경제가 필요하며, 그 반대가 되어서는 안 된다고 보고 있다.

하지만 경제에 관한 담론은 현실 경제의 영역을 넘어서고 있다. 오늘날 경제는 인간 행동의 견본이 되었다. 또한 수익성과 훌륭한 성과에 대한 예찬도 공적 공간을 차지하고 있다.

오늘날 실제로 많은 경제학자들은 물질적 부의 생산과 분배에만 국한되던 그들 분야의 본래 영역을 벗어나려는 경향을 보이고 있다. 전에는 사회학과 정치학의 소관이던 것 안에서 그들은 매우 진보적인 연구들을 하고 있다. 그들은 학문으로서의 경제는 인간 행동에 관한 하나의 포괄적인 학문이 될 수 있으며 또 되어야 한다고, 경제학적 사상은 물질적 부뿐만 아니라 결혼에 관한 현상들도 설명할 수 있다고, 그것은 국가가 상업·금융 또는 통화 분야에서 해야 할 일뿐만 아니라 학교·위생·마약·인간 생명의 유전적 조작 등에 관해 어떤 태도를 취해야 할지를 명령할 수 있다고 주장한다. 나아가 도덕적·정치적 학문들과 철학에도 용감하게 에너지를 쏟으면서 경제의 자유가 정치적 민주주의의 최고의 보증인이며, 국민의 모든 자유와 행복은 결국 시장의 자유로운 기능에 달려 있다고 설명한다. 하기야 인간 행동에 관한 포괄적인 학문이 되어야 한다는 이러한 주장 앞에서 우리는 경제학적 사상의 '제국주의,' 그리고 하나의 인간을 **호모 에코노미쿠스**로 축소시키는 그것의 우스운 시각에 대한 반항, 비난과 같은 반응들에 놀랄 수가 없다. 여기서 비난은 속임수에 대한 비난이다.

요컨대 경제학자들이 대다수를 차지하는 한쪽 사람들은 이 용어의 두 가지 의미에서 충분한 경제가 없다고 평가한다. 즉 경제의 기능에는 족쇄가 채워져 있고, 경제학적 사상은 아직도 새로운 인간 행동 영역에 정신력을 집중할 수 있다는 것이다. 반면 경제학자들은 거의 찾아볼 수 없는 다른 한쪽 사람들은 현실 속에서의 경제의 독재, 그리고 사람들의 사고 안에서의 속임수를 비난한다. 하지만 후자에 속하는 사람들은 오늘날 불편한 입장에 놓여 있다. 실제로 오랫동안 경제학 비평은 자본주의 비평에 머물렀으며, 자본주의의 반대자들은 대안적인 제안들을 갖고 있었다. 사회주의의 다양한 변형들이 그것이다. 현실적 사회주의들이 붕괴함으로써 오늘날 자본주의의 비판가들이 제안할 만한, 참으로 대안적인 모델은 더 이상 존재하지 않는다. 내 생각으로는, 그래서 그들 중 다수가 구슬퍼하면서도 분개하는 어조를 취하는 듯하다. 믿을 수 있는 대안의 부재는 저주하는 사람들과 카산드라

〔트로이의 왕 프리아모스의 딸로 트로이의 함락을 예언하였으나 아무도 그녀를 믿지 않았다〕들을 만들어 내고 있다.

> 그렇다면 당신은 어느 진영에 위치하나?

나는 두 가지 의미에서 경제가 이런 지나친 경의도, 또 이런 모욕도 받아 마땅치 않다고 생각한다. 그 대신 나는 지금이 우리, 특히 경제학자들이 현상으로서 그리고 사상으로서의 경제의 한계를 분명히 그을 수 있는 좋은 기회라고 생각하는 사람들의 진영에 확실하게 자리잡고 있다. 따라서 특히 경제 현상과 정치를 구분하는 경계를 정하고 우리가 앞으로 '경제 정치'라고 부르게 될 것, 즉 경제역학에 영향을 미치는 국가 행동의 총체에 대한 조작의 허용 범위도 뚜렷이 해야 한다. 하지만 그러면서 또한 경제에 대한 담론의 본질에 관해서도 곰곰이 생각해 보아야 한다. 어떤 것이 그것의 합법적인 야심이 될 수 있을까? 그것을 설명하는 것이 가능한 일일까? 그것은 어디에서 멈춰야 하고, 그 선을 넘어서면 더 말할 게 없는 경계는 어디인가? 달리 말해 오늘날 '경제의 올바른 용법'은 존재할까?

> 경제의 올바른 용법에 관한 질문인데, 요즘 이 교과목은 너무 복잡해서 그 정도까지 단순화될 수 없다는 구실로 고등학교의 경제학 수업이 다시 문제시되고 있다. 이에 대해 당신은 어떻게 생각하는가?

    프랑스의 교육 제도는 고등학교 때부터 철학을 가르친다는 점
이 특징이고, 또 그 점을 자랑으로 삼고 있다. 철학은 2천5백 년
의 역사를 가지고 있다. 경제학의 역사는 2백50년밖에 안 된다.
고등학생들에게도 얼마든지 그것의 핵심을 가르칠 수 있다. 경
제학적 담론의 편재(遍在)를 고려하여 이 분야에서 어떤 것이 진
짜 구속이고 어떤 것이 자유의 공간인지를 아주 일찍부터 이해
시키는 것이 필수적이다.

1995년 12월의 파업 이후 실업자들의 움직임에서 나타난
것처럼, 경제의 폐기는 경제의 논리와 사회의 논리간의 대
립에 대한 확인에 의해 증명되지 않는가?

    이런 대립에 대한 확인의 의미를 어떻게 이해하면 좋을까? 우
리는 그것을 하나의 명백한 역설에 대한 질문으로 이해할 수 있
다. 점점 더 부유해져 가는 프랑스에 가난한 사람은 점점 더 늘
어나니 어떻게 된 일인가? 이같은 역설은 평균적 부가 증가할수
록 그것이 공평하게 나누어지는 게 '정상'이라는 무언중의 가설
을 가지고 성장과 성장의 열매의 분배를 결합시키기 때문에 생
기는 하나의 가설에 불과하다. 그런데 내 생각으로는 경제에서
일종의 상대론의 혁명을 실시하고, 부의 개념은 전적으로 상대적
인 것으로 간주하는 편이 나을 듯하다. 생존의 욕구를 만족시키
고 나면, 우리는 부자들과 비교할 때에만 가난하다. 이 경우 경
제에서 정말 중요한 문제는 성장의 문제가 아니라 불평등의 문
제이다.

■ 하지만 현재 어떤 이들이 느끼는 사회적 불공평은 한 나라에서 안으로든 밖으로든 그들의 동시대인들의 현재 상황보다 모든 것이 훨씬 더 좋았던 이전의 상황과 비교하는 데에서 온다고 생각지 않는가?

아니, 난 그렇게 생각지 않는다. 나는 부유한 시대에는 변화에 대한 지각이 극도로 어렵다고 생각한다. 실제로 중요한 것으로 지각되고 판단되는 것은 어떤 순간 개인들, 그리고 국가들간의 불평등이다. 내게는 충격적이었던 하나의 예로 그것을 설명해 보겠다. 나는 서로 다른 군중 앞에서 다음과 같은 질문을 제기했다. "여러분들은 1998년 현재 최저임금을 받는 한 노동자가 그보다 두 배 가난했던 것이 언제라고 생각하느냐?"라는. 대부분은 60년대, 나아가 50년대라고 대답했다. 그런데 사실 1977년 최저임금노동자들의 구매력은 지금의 절반 수준이었다. 내가 그것을 알려 주었을 때, 그것이 통계인 만큼 의심할 수 없는 사실이었는데도 불구하고 '1998년을 사는 최저임금노동자가 1977년보다 두 배 잘 산다'는 것을 인정하는 사람은 거의 없었다. 그와는 반대로 많은 사람들이 1977년의 최저임금노동자의 상황이 오늘날보다 나았던 것으로 간주하고 있었다. 나는 이 예를 통해 시간 속에서 부의 수준을 비교하는 데에는 커다란 어려움이 따르며, 결국 이 비교에 별다른 의미가 없다는 것을 알았다. 반대로 과거와 마찬가지로 오늘날에도 최저임금제는 낮은 임금 단계에 해당한다. 만일 이 바닥과 다른 소득들간의 간격이 커졌다면 이를 본 사람들의 주된 느낌은 최저임금노동자의 상황이 악화되었다는 것이다. 이것은 그의 현실적인 구매력의 '객관적인' 발전과는 무관한 일이다. 따라서 나는 오늘날 시간 속에서 부가 변화하고 성장이 부진한 것보다는, 같은 세상에서 사는 사람들간의 경제적 불평등의 증가가 더 문제라고 단언하는 바이다.

 하지만 그래도 우리가 영광의 30년이 끝난 뒤 경험한 것보다 더 기운차게 성장한다면 현재의 불평등을 감소시킬 수 있지 않을까요?

잘사는 나라들은 전쟁이 끝난 후 성장과 불평등의 감소가 함께 이루어지는 시기를 경험했다. 불평등의 증가를 중단시키고, 나아가 그것을 감소시킬 수 있는 최고의 방법은 매우 큰 경제적 성장 수준을 회복하는 것일 터이다. 하지만 사실 성장과 불평등의 감소를 연결하는 이런 긍정적인 관계에서 자동으로 이루어지는 것은 아무것도 없다. 역사의 다른 많은 시기들이 이와는 반대되는 관련을 보여 주었다. 전체의 왕성한 성장과 불평등의 엄청난 증가를 동시에 낳은 것이 첫번째 산업 혁명이 아닌가. 그것은 이 광경을 목격한 카를 마르크스가 그것으로부터 프롤레타리아의 절대적인 빈곤화의 **법칙**을 도출할 수 있다고 믿을 정도로 엄청난 것이었다. 나아가 하나의 경제적 문제가 성장이라는 표현을 취할 때마다 그것이 실제로 은폐하는 것은 불평등의 문제임을 보라. 미국 정부는 그들의 눈에 불충분한 것으로 여겨지는 성장의 지연에 대해 많이 염려하면서 미국이 일본에 '추월당하는' 것을 두려워했다. 그러니까 그것은 국가들간의 불평등의 문제였다. 지금 우리가 경험하는 바와 같은 실업률만 없다면, 프랑스에서는 불충분한 것으로 판단되는 성장에 대해 그렇게 염려하지는 않을 것이다. 실업은 그것의 피해자들에게 특히 고통스러운 불평등의 한 형태이다. 이런 경제적 불평등은 정치적 잣대로 판단된다. 그것들이 받아들일 만한가, 그렇지 않은가? 그것은 정치적 문제이다. 일례로 1997년에서 1998년으로 넘어가는 겨울, 프랑스에서 있었던 실업자들의 움직임은 무엇을 요구했던가? 그것은 사회보장의 최저임금을 인상해 달라는 것이었다. 왜냐하면 그들은 "RMI(실업수당)만 가지고 프랑스에서 살 수 없다"고 주장했기 때문이다. 아주 엄밀히 말하면 그것은 분명히 거짓이다. RMI의 수령자들이 살고 있다는 것이 그 증거이다. 그들은 오히려 캘커타의 가난한 사람들보다 더 잘살고 있다. 그들이 실제로 주장한 것은 프랑스의 평균적인 부, 즉 다른 사람들의 수입을 고려할 때 RMI가 허용하는 생활 수준으로 사람들을 끌어내리는 것이 '부당하고' '무례하다'는 것이다. 그러니까 그들은 불평등에 대해 상대적인 입장을 취했던 것인데, 이 입장은 본질적으로 정치적인 것으로 평등에 대한 어떤 사상에 기초한 것이다. 이런 정치적 판단이 국민들에 따라 다를 수 있고, 어떤 국민들은 경제적 불평등을 다른 국민들보다 훨씬 더 참지 못하는 것이 분명하다. 엠마뉘엘 토드를 비롯하여 많은 저자들은 이것을 서로 다른 가족 구조의 탓으로 돌렸다. 이것도 설명의 한 요소일 것이다. 내 생각에는 이보다 더 엄밀한 의미에서 정치적인 다른 설명들이 많을 듯하고, 국민들의 정치적 역사가 불평등에 대한 허용의 기본적 요소도 되지만, 또는 반대로 평등에 대한 열정의 기본적 요소도

되는 것 같다.

프랑스의 예외적인 특징들 가운데 하나로 여겨지는 평등에 대한 이런 열정은 오늘날 그 상속인이 전무하지 않은가? 그렇기 때문에 많은 이들 중에서도 특히 알랭 맹크는 평등이란 개념을 공정함이란 개념으로 대체하자고 제안한 것이 아닐까?

공정함은 경제학 덕에 평등과 완벽하게 닮은 개념이다. 경제학의 논리에 따르면, 이를테면 노동 시장이 자유롭게 작동하면 각자는 그 자신이 생산에 참여한 전체 부의 한 부분을 정확하게 받는다고 설명한다. 그러니까 이것은 어떤 의미에서 완벽하게 '공정'하다. 평등은 경제학과는 관계가 없는 개념이다. 그것은 정치적 개념이다. 평등을 공정이란 개념으로 대체하는 것, 그것은 경제학과 정치학간의 불가피하고 필연적인 긴장을 줄이고 싶어하는 행위이다.

결국 이 일을 하는 것은 경제와 사회간의 '대립'에 관해 말하는 사람들이다. 대립이란 표현은 그들이 이 두 가지가 '보통은' 함께 간다고 생각한다는 사실을 지적하고 있다. 그렇지 않을 경우 그들은 사태가 '그런 식으로 지속되지는 않을 것'이라고, 그리고 우리가 '사회적 폭발'을 향해 치닫고 있다고 기꺼이 우리에게 통고하지만 내 생각은 전혀 다르다. 내 생각에 두 가지는 관계가 없다. 나는 우리가 지향하는 것, 그리고 운동(1995년에 있었던 비사무직 노동자와 실업자들의 파업)의 형태로, 국민전선당의 존재

이제 불평등의 증가는
엄밀한 의미의 정치적 사고와
정치적 행동을 전환할
필요성을 부여한다.

의 형태로 이미 드러나고 있는 것, 그것은 정치적인 현상들이라고 생각한다. 이것은 앞으로 우리 스스로에게 한편으로는 우리가 불평등이라는 문제에 대해 수용할 수 있거나 없다고 판단하는 것, 다른 한편으로는 수용할 수 없다고 판단되는 것을 고발하고 개선시킬 수 있는 방법들과 관련된 정치적인 질문들을 제기토록 만들 것이다.

당신은 그것을 정치적 토론에 호소한다. 그런데 레이몽 아롱은 이미 1969년 《진보에 대한 환멸》 서문에서, '생산의 증가는 사회 문제들을 기적적으로 해결하지 못하며 하나의 살아갈 동기를 부여하지도 못한다'는 것을 확인했다. 당신은 그 분석에 동의하는가?

정치적인 면에서 볼 때, 68년 5월은 두 가지를 확인 또는 재주장했다. 첫번째는 정치는 여러 가지 가능성들에 관한 하나의 생각이라는 것이다. 왜냐하면 미래는 아직 쓰여지지 않았기 때문이다. 심지어 경제역학에 의해서도('이성을 찾자. 불가능을 요구하자'). 두번째는 인간을 해방하는 정치는 더 이상 프랑스 공산당에 의해 이루어질 수 없게 되었다는 것이다. 게다가 프랑스 공산당은 거기서 살아남지도 못했다. 그런데 프랑스 공산당은 정치는 경제에 의해 결정된다고 생각했다. 정치를 한다는 것, 그것은 무엇보다도 '생산 관계'를 바꾸기를 원하는 것이었다. 그러니까 경제가 '너무나 잘 돌아갈 때' 대학생과 노동자가 폭동을 일으키는 것을 우파의 당들이 이해하지 못한 것과 마찬가지로, 프랑스 공산당은 사실 경제와 정치를 결합시키는 관계들에 관해 똑같은 개념을 공유하고 있었다. 이렇듯 영광의 30년이 끝나기 몇 년 전에 발발한 68년 5월 사건은 이런 개념에 이의를 제기함으로써 정치와 경제 관계의 결렬을 앞당겼다.

**■ 정치와 경제 관계의 결렬을 통해 당신이 바라는 것은 무엇인가?**

영광의 30년 동안 유럽인들은 경제 성장——즉 미국 따라잡기——과 불평등 줄이기간의 결합을 경험했는데, 이것은 결코 '당연한' 일이 아니었다. 이 결합은 주로 국민 의식의 경제적 토대를 정당화시키면서 정치적 토대는 희생시켰다. 영광의 30년 동안 잘 사는 나라들에서는 한 나라의 국민 모두가 '같은 배를 타고' 있었다. 간단히 말해, 이를테면 비록 자본가들과 임금생활자들이 각각의 회사에서 생산된 부의 분배에 관해 갈등중에 있기는 했지만, 전체로 볼 때 그들은 국가적 차원에서 공통의 물질적 이익을 갖고 있었다. 한 나라의 기업들이 동의한 임금 인상은 즉시 이 기업들에게 내려지는 주문의 증가로 나타났다. 왜냐하면 이 국가들은 아직도 외부에 대해서는 대단히 폐쇄적이었기 때문이다. 정부들은 이런 '객관적인' 경제적 연대감을 앞세우는 일을 맡았다. 세계화로 인해 산산조각나는 것이 바로 이 연대감이다. 이제 불평등의 증가는 엄밀한 의미의 정치적 생각과 정치적 행동을 전환할 필요성을 부여하고 있는데, 나는 그것이 좋은 현상이라고 본다.

그것은 경제와 정치를 별개로 보며, 경제가 성장에 책임이 있고, 그 다음에야 비로소 이 성장을 평등하게 분배할 책임이 있는 정치가 온다고 주장하는 자유주의 이론의 관점에 해당되지 않는가? 하지만 그 유명한 케이크의 은유를 당신은 통렬히 비난하고 있는데.

나의 관점은, 유명하긴 하나 좀 고약한 '케이크'의 은유로 요약되는 경제와 정치간의 관계에 관한 자유주의자들의 관점과 극단적으로 대립한다. 그들의 관점은 이런 것이다. 경제는 부의 생산에서 효율성의 '법칙들'을 세울 테고, 따라서 정부에게 부, 다시 말해 케이크의 크기를 극대화할 수 있는 방법들을 가르쳐 줄 것이며, 또 소위 '사회복지에 신경을 쓴다고 하는' 정치는 경제 구조의 기능에 의해 자연스럽게 획득된 부의 배분이 윤리적 잣대로 볼 때 타당치 않다고 판단되었을 경우, 케이크의 분배를 수정하기 위해 독자적으로 사후에 개입할 것이라는 게 그들의 관점이다. 그렇다, 사실은 경제(생산된 부의 극대화)와 사회(사후에 이 부를 분배하는 것)를 이런 식으로 분리하는 것이 자유주의자들이 지닌 독사(doxa; 견해)의 토대이다. 그런데 사실 현대 경제 사상은 이미 오랜 전에 이런 분리의 불가능을 인정했다! 그러나 여론 조성을 목적으로 간소화된 연설 속에서 수많은 자유주의자들은 이 결과들을 무시해 버리고 있다. 만일 우리가 그들처럼 이런 분리를 인정한다면 경제 정책들의 판단을 위한, 순수하게 경제적인 잣대가 존재할 것이다. 그리고 만일 케이크의 크기를 키울 수 있는 정책이 있다면 그 정책이 다른 정책보다 나을 것이다. 게다가 이런 판단은 만장일치를 이룰 것이 분명하다. 나는 이같은 분위기에서 순전히 기술적인 것 외에 경제 정책들에 관한 최소한의 토론이 어떻게 아직도 정당화될 수 있는지 의아하다! 게다가 신념에 찬 자유주의자들도 때로는 마음속으로 세상 모든 사람들이 그들에게 동의하지는 않는다는 사실을 고통스럽게 느끼고 있다. 그리고 그들의 유일한 위안은, 그것을 '경제의 법칙들'에 대한 무지가 아직도 너무나 널리 확산되어 있어서 생긴 결과일 뿐이라고 생각하는 것이다. 그래서 그들의 성향은 교육학 쪽으로 기울고 있다.

당신은 그들에게 뭐라고 대답하겠는가?

내가 그런 관점에 찬성하지 않는 까닭은 한편에 있는 경제적 성장과 다른 한편에 있는 분배, 이 두 가지가 명백히 절대로 서로 무관하지 않기 때문이다. 그리고 그것이 케이크 은유의 함축적인 가설이기도 하다. 사실 현실을 검토하기에 **앞서** 성장을 고무하는 것을 목적으로 하는 정부의 모든 개입은 분배에도 영향을 끼친다. 거꾸로 만일 정부가 하나의 성장 지향 정책의 결과로 나타나는 분배를 바로잡으려 든다면, 이런 분배의 수정 행동이 이번에는 성장에 영향을 미칠 것이다. 그리고 그것이 경기 후퇴 방향으로 이루어질 가능성이 크다. 따라서 모든 경제 정책은 분배, 즉 내부의 불평등과 성장, 즉 영토간의 불평등(나는 그렇게 생각한다)에 동시에 영향을 미친다. 왜냐하면 성장은 그것이 '외부의' 불평등을 감소시키거나 증가시키는 한에서만 존재할 수 있기 때문이다.

■ 그러니까 당신이 보기에는 모든 사람을 만족시킬 수 있는
'효과적인' 경제 정책은 없다는 말인가?

사실 우리는 아직도 '케인스의 신화'라고 부를 수 있는 세상에서 살고 있다. 케인스의 신화란 다음과 같은 의미에서 '효과적인' 경제 정책들이 존재한다는 것이다. 즉 하나의 정책은 그것이 **누구의 권리도 침해하지 않으면서** 경제 구조의 '효율'을 개선시킬 때, 다시 말해 부의 증대와 그것의 분배를 **동시에** 유발하여 모든 사람이 거기서 돈을 벌 때, 아니면 적어도 손해 보는 사람이 아무도 없을 때 효과가 있다고 말할 수 있는 것이다. 만일 그런 정책이 존재한다면 사람들은 만장일치로 찬성할 것이다. 왜냐하면 아무도 잃지 않으니까. 적어도 몇몇 상황에서는 효과적인 경제 정책들이 존재하는 것 같은데 왜 신화라고 하느냐고? 일례로 30년대의 공황중에, 한쪽에는 수백만의 실업자가 있고 다른 한쪽에는 텅 빈 공장들과 노는 기계들이 있었을 때, 어떤 경제 정책을 실시하여 노동자를 공장으로 다시 불러들여 고용하고 기계를 돌리는 데 성공함으로써 모든 사람의 부를 증대시키고 거기서 손해 본 사람은 하나도 없었던 게 사실이다. 바로 그 순간 이를테면 금리생활자들에게 무슨 일이 일어났나를 좀더 가까이에서 관찰할 필요도 있겠지만 지금은 그냥 넘어가기로 하자. 요컨대 30년대의 것과 같은 공황 상황에서 존 메이너드 케인스라는 사람이 불쑥 나타나 정부가 모든 사람의 경제적 상황을 개선시키는 조

처를 취할 수 있다는 것을 설득력 있게 설명했다. 나는 이것을 효과적인 정책이라고 부르겠다. 어떤 한 시점, 또는 효과적인 정책들이 구현되는 어떤 상황에서는 그런 것이 존재할 수 있다는 것을 나도 부인하지는 않겠다. 다만 내가 말하고 싶은 것은 **일반적으로** 모든 경제 정책은 부와 분배에 동시에 작용하고, 그 결과로 인해 손해를 보는 사람도 있다는 것이다.

물론 그렇다. 하지만 어떤 정책으로 인해 손해를 보는 사람이 소수, 이를테면 소수의 금리생활자들밖에 없을 때, 그리고 그 사회가 민주 사회일 때 가장 많은 수의 이익 앞에서 그들은 굴복해야 하지 않을까?

좋다. 하지만 당신이 수의 법칙을 언급하니까 하는 말인데, 민주주의 국가에서 인구 51퍼센트의 경제적 조건을 개선하면서 나머지 인구 49퍼센트를 가장 암울한 빈곤으로 몰아넣는 정책에 대해 당신은 어떻게 생각하는가? 당신은 다시금 다른 차원, 이를테면 도덕적인 차원으로 돌아가서 이렇게 말할 것이다. "당신은 과장하고 있다. 참을 수 있는 불평등에는 한계가 있다." 그렇다. 그렇다면 그것은 어떤 불평등인가? 보시다시피 그런 식으로 해결할 수는 없다. 나는 아직 더 복잡한, 그러면서도 아주 흔히 접할 수 있는 상황들, 내부적으로는 매우 불평등주의적이지만 빠른 성장(이를테면 가난한 나라의 빠른 회복)을 낳는 정책과, 그보다는 평등주의적이지만 더 느린 성장을 가져오는 정책 중에서 선택해야 하는 상황들은 언급하지 않았다. 요컨대 나는 일반적인 경우

오로지 경제적인 잣대들에 따라 두 가지 경제 정책 사이에서 선택하는 것이 불가능하다고 생각한다. 이런 선택을 하는 것은 정치의 몫이다. 많은 자유주의자들이, 적어도 공개적인 담론에서는 그래도 하나의 경제 정책이 다른 것보다 낫다고 판단할 수 있게 해주는 어떤 경제적 잣대가 존재하지 않겠느냐고 주장한다. 그리고 그런 주장은 결국 '케이크의 크기'와 '케이크의 분배' 간에는 관계가 없다는 가설에 근거하고 있다. 내가 보기에 이 가설은 틀렸고, 그것이 내가 결정적으로 그들과 대립하는 부분이다.

▌그러니까 당신은 경제와 정치간의 이런 유형의 관계 때문에 자본주의에 관해 일반론적으로 말하기를 거부하고 자본주의들에 관해서만 언급하는 것인가?

자본주의들의 다양성은 최근 몇 년간 많이 토론된 문제이다. 특히 미국에서는 80년대에 마사히코 아오키(이를테면 《일본의 경제》를 보라)를 비롯한 상당수의 저자들이 일본의 성공 이유에 관해 자문했다. 그들은 미국의 자본주의보다 더 효율적인 어떤 특별한 형태의 자본주의에서 그 이유를 발견했다고 믿었다. 프랑스에서는 미셸 알베르가 《자본주의를 반대하는 자본주의》에서 부분적으로나마 이 주제를 다시 다루었다. 이때 그는 한편에는 시장 기능의 최대 활용에 근거하는 영국의 자본주의, 간단히 말해 자유로운 자본주의, 다른 한편에는 독일의 자본주의(일본의 자본주의는 이것의 한 변형이 되겠다)를 놓고 비교하면서 주제를 전개했다. 후자의 경우 은행과 기업간의 장기적인 계약 관계와 똑같이 기업 내 경영자와 직원간의 관계에 특권을 주었다. 엠마뉘엘 토드는 그의 최근 저서 《경제의 환상》에서 이런 구분을 다시 취하면서도, 그것의 토대를 가족 구조의 차이에 두고 있다. 이 분석은 흥미로우며 이론의 여지없는 경험적 차이들을 찾아내고 있다. 그런데 이러한 분석들은 내가 보기에 하나의 오류를 드러낸다. 자본주의들간 차이점들의 기원이 경제 외적인 데에서, '국민의 정신' 같은 어떤 것 속에서, 사회학적·이데올로기적 나아가 토드의 책에서 보면 인류학적인 결정들 속에서 발견된다. 경제 영역의 일부를 구성하는 중요한 현상들의 원인을 외적인 것에 두는 것은 경제의 능력을 지나치게 축소시키는 행위이다. 나아가 토드는, 이런 사고 방식 안에서는 일관성 있는 일이지만 경제를 '환상'으로 규정짓고 있다. 그런데 내게는 자본주의들의 차이에 관해서 더 엄격하게 경제학적인 정의를 내리는 것만이 가능한 일일뿐만 아니라 유익한 일로 비친다. 그것은 자본가들의 '유목민적' 활동과 '정착민적' 활동, 그리고 국가의 경제 정책들의 상호 작용의 산물인 경제의 기능을 진술하는 것이다.

그렇다면 당신은 자본주의들은 어떤 점에서 서로 다르다고 생각하는가?

내가 《세계의 불평등》에서 제시한 자본주의들의 다양성에 관한 나 자신의 정의를 소개하려면 '경제적 영토'라는 개념에서부터 출발해야 한다. 하나의 경제적 영토란 상품·자본·정보뿐만 아니라, 인간의 자유로운 순환에 대해 여하한 국가적 차원의 족

쇄도 존재하지 않는 하나의 지리학적 공간을 의미한다. 따라서 두 개의 경제적 영토간에는 당연히 상품이든 자본이든 사람이든, 그것의 자유로운 순환에 대해 적어도 하나의 장애물이 존재한다. 그리고 이런 장애물들은 국가적인 성격을 띤다. 왜냐하면 적어도 하나의 국가가 그것들을 결정했기 때문이다. 그 한복판에서 벌어지는 자유로운 순환으로 인해 하나의 경제적 영토는 당사자들이 동일한 상황에서 경제적 활동을 행사하는 하나의 공간이 된다. 이때 동일한 상황이란 동일한 화폐, 동일한 임금 비용 구조, 동일한 규제를 말한다.

이런 영토 개념에서 출발해 자본가들의 '유목민적' 활동과 '정착민적' 활동을 정의해 보겠다. 넓은 의미에서 정의된, 다시 말해 제품의 연구와 개발부터 최종 배포까지를 포함하는 생산의 모든 사슬은 '활동'이라는 기초 단위로 분할될 수 있다. 나는 본질적으로든, 또는 하나의 국가가 다른 식으로 하는 것을 금하기 때문이든 상관 없이 전적으로 하나의 동일한 영토 안에서 전개되는 활동을 '정착민적' 활동이라고 부른다. 달리 말하면 이 활동의 산물은 동일한 영토 안에 위치하는 두 가지 범주의 당사자들 사이에서 교환된다. 예를 들어 시멘트 생산은 정착민적 생산 활동이다. 실제로 시멘트는 값이 싸고 거의 모든 곳에서 만들 수 있고 생산하기도 쉬운 것이라, 그것을 먼 곳까지 수송하는 것은 경제학적으로 정당하지 않다. 우리는 시멘트가 사용되는 바로 그 영토 안에서 시멘트를 생산해야 한다. 반대로 구두는 최종 조립을 포함하여 그것을 구성하는 모든 요소들의 제조가 유목민적 활동들이다. 왜냐하면 우리는 구두를 한 영토에서 생산하여 다른

« 어떤 역사적 상황에서
우리는 인간들 가운데
**호모 에코노미쿠스를**
나머지 인간들로부터
'분리' 할 수 있다. »

영토에서 팔 수 있기 때문이다. 많은 용역이 본질적으로 정착민
적인데, 그것은 흔히 하나의 용역은 두 당사자가 물리적으로 존
재하는 가운데 두 당사자에 의해 동시에 생산되고 소비된다는
사실을 특징으로 하기 때문이다. 하지만 모든 용역 활동이 정착
민적이지는 않다. 특히 정보망의 발전 덕에 오늘날 우리는 두 개
의 서로 다른 영토 안에서 어떤 용역들을 동시에 생산하고 소비
할 수 있게 되었다. 요컨대 모든 영토 안에는 정착민적인 경제
활동과 유목민적인 경제 활동이 존재한다. 내가 경제역학이라고
부르는 것은 하나의 영토 위에 존재하는 모든 활동과 그 영토 밖
에 존재하지만 거기서 행사되는 활동들과 상호 작용하는 유목민
적 활동의 상호 작용의 결과이다.

하지만 오늘날 사람들은 '세계적 규모의' 자본주의를 논
한다. 이런 상황에서 이를테면 영토 같은 순수하게 형식
적인 경계들을 제외한 다른 경계들이 아직도 존재할까?

상품과 자본이 점점 더 자유롭게 경계를 넘나들 수 있어도 인
간은 그렇게 할 수 없다는 것을 당신은 잊고 있다. 이민에 관한
토론들을 보라. 따라서 나는 경제적 영토는 그래도 여전히 존재
한다고 정의 내리고 싶다. 그리고 요즘 세상에는 각각의 경제적
영토에 최고의 권위를 가진 하나의 국가가 존재한다. 이 국가들
은 일련의 규칙과 직접적인 개입을 통해 그들의 영토에서 행해지
는 경제역학에 영향을 끼친다. 따라서 우리는 결론적으로 한편
으로는 한 영토 안의 유목민과 정착민들간의 어떤 일정한 연결

부분에 의해, 그리고 다른 한편으로는 이 영토의 역학에 가해지는 어떤 유형의 국가 개입에 의해 자본주의를 정의할 수 있다. 그렇게 해서 하나의 영토가 정착민적 활동을 주로 수용하고 이 영토를 다른 것들과 교류시키는 유목민적 활동이 상대적으로 제한되어 있을 때, 우리는 그것을 '자기 중심적'인 자본주의라고 부를 수 있을 것이다. 그렇게 해서 국가의 개입이 노동 시장의 '자유로운' 게임이라고 할 수 있는 것을 끊임없이 수정하고 공적 지출과 이전을 높은 수준에 가져다 놓는다면 우리는 그것을 '사회 민주적'인 자본주의라고 부를 수 있을 것이다. 영광의 30년 동안 잘사는 나라들의 자본주의를 '사회-민주-자기 중심적'이라고 규정한 까닭도 거기에 있다. 나는 또 《세상의 불평등》에서 이를테면 앙시앵 레짐(프랑스 혁명 전의 구제도), 19세기의 유럽과 아메리카 같은 다른 유형의 자본주의 국가들의 특징을 같은 방식으로 규정지었다. 세계화 또는 글로벌라이제이션이라고 부르는 것이 내게는 주로 자본주의 국가들의 **유랑** 현상을 의미한다는 사실을 여러분은 이미 눈치챘을 것이다.

하지만 그래서 글로벌라이제이션은 카를 마르크스의 주장들을 유효한 것으로 만들 우려가 있지 않나? 그가 불평등의 악화, 천연 자원의 고갈 같은 자본주의 성향의 법칙들을 정의했을 때 그는 이미 세계를 논하는 수준에 있었는데.

서로 구별되는 경제적 영토와 국가가 존재하는 한 우리는 일반적인 자본주의에 **관해** 결코 말할 수 없다. 막연한 메커니즘만 언급할 수 있다. 마르크스가 자본주의의 성향을 지닌 법칙들을 제시할 수 있었다고 믿는 것은 정확히 말하면 내 의견이다. 왜냐하면 국가는 사실 그의 분석에서 존재하지 않기 때문이다. 우리가 불평등이라는 특별한 역학과 함께 21세기로 진입한 것은 분명하다. 20년 이상 전부터 우리는 잘사는 나라들에서뿐만 아니라 대부분의 신흥 국가들에서도 사회적 불평등이 증가함을 목격할 수 있었다. 그리고 그와 동시에 한국이나 대만 같은, 우리가 신생 공업국들이라고 부른 나라들과 함께 중국·인도·러시아·브라질처럼 그보다 훨씬 더 인구 밀도가 높은 나라들이 연루되는 상당히 강력한 따라잡기 움직임도 목격할 수 있다. 이 두 현상의 원인은 무엇일까? 이 두 현상 사이에는 어떤 관계가 있을까? 이것들은 경제학이 몇 가지 해답 요소들을 제시할 수 있는 문제들이다. 비록 내가 볼 적에 이런 현상들은 순수한 '경제 법칙들'의 산물일 뿐 아니라 특별한 경제역학을, 역시 특별한 정부의 정책들과 연결시키는 하나의 연동 장치의 산물이긴 하지만 말이다. 두 가지의 결합이 오늘날 우리가 목격하고 있는 불평등의 움직임을 낳는다. 경제역학은 매우 강력하며, 그것을 부인해서는 안 된다. 그것들을 해독하는 것은 경제분석가가 할 일이다. 하지만 오늘날에도 여전히 세계를 경제적 영토로 분할하는 국가들이 존재한다는 사실을 몰라서도 안 된다. 역학은 어떤 유형의 경제 정책들에 의해 결정되는 어떤 틀 안에서 전개된다. 이런 경제 정책들은 변화할 수 있다. 변화함으로써 그것들은 경제역학을 새로운 방향으로 유도할 것이다.

당신에게는 경제학 담론의 장을 줄이는 것이 중요해 보인다. 그리고 당신은 최근 저서에서 우리는 자본주의들 내부에서만 경제를 언급할 수 있다고 했다. 그렇다면 하나의 자본주의에 관해서는 언제 말할 수 있는가?

그 문제는 복잡하고 논란의 소지도 많다. 페르낭 브로델 같은 일부 학자들은 어떤 형태의 자본주의들의 기원을 내가 유목민적이라고 규정한 최초의 활동들이 등장했을 때로 보고 있다. 이 경우 우리는 고대 '페니키아의 자본주의'를 언급할 수 있을 것이다. 마르크스의 전통에서는 '진정한 의미의' 자본주의가 18세기 산업 혁명과 함께 비로소 등장했다고 간주한다. 이에 대해 나는 경험적 방식으로 이렇게 대답하련다. 상품이 지배하는 사회, 다시 말해 생산되는 것의 대부분이 상품의 형태를 띠는 사회에는 하나의 자본주의가 존재한다. 그리고 그것은 화폐와 함께 상품, 또 그것을 생산하는 수단에 대한 사적 소유권을 주장하는 법적 제도를 전제로 한다. 따라서 사적 소유권의 일반화와 화폐의 존재. 이 두 가지 현상이 '충분히' 전개되어 있는 사회는 **하나의** 자본주의가 존재하는 사회로 불릴 수 있다. 그리고 그런 사회에서 나는 경험론자가 될 것이다.

다시 말해 사실 나는 오로지 자본주의들에 관해서만 경제학적 담론을 펼칠 수 있다고 생각한다. 이는 즉 내가 보기에 경제학적 담론을 나눌 때 뉴기니의 한 부족에 관해서는 흥미로운 이야깃거리가 아무것도 없다는 것을 의미한다. 또는 우리와 가깝고 묵직한 예를 들어도 소비에트 사회주의에 관해, 그리고 더 일반적으로 사회주의 국가들에 관해서도 말할 것이 아무것도 없었다는 것을 의미한다. 이는 아주 구체적으로 만일 당신이 경제학 개념들을 사용해, 이를테면 생산의 관점에서 어떤 사회주의 국가 안에서 일어난 일을 설명하려고 해도 흥미로운 것은 아무것도 말할 수 없다는 것을 의미한다. 그리고 나는 그것을 알고 있기에 시험해 보지 않는 것이다. 하나의 사회주의 국가 안에는 분명 생산이 있었다. 몇 가지 기준, 이를테면 매년 생산되는 강철의 톤수 같은 것에 따라 과거에는 이 생산량이 증가했다. 그것은 어떤 방식에 의해 분배됐다. 하지만 이 현상들을 연구하는 데 경제학의 개념들은 전혀 효과가 없었다.

사회주의 국가들의 몰락 후, 수많은 탈사회주의 국가들이 갑자기 이 개념들을 성급하게 도입하기를 원했기 때문에 국가 경제는 완전히 침체하고, 마피아 경제만 발전한 것인가?

후기 사회주의 국가들은 대개 그릇된 조언을 듣고 출발했다. 하지만 몇 년 뒤 누구보다도 먼저 엘리트 계층에게 그 책임이 돌아왔다. 최초의 그릇된 조언들은 특히 미국으로부터 왔다. 경제학을 소비에트 사회주의나 미국 자본주의와 마찬가지로 뉴기니의 부족에게도 똑같이 잘 적용할 수 있는 보편적인 학문이라고 생각한 경제학자들은 그릇된 조언들을 아낌없이 퍼부었다. 그리하여 1990년부터 동구권 국가들에게 달려든 미국의 전문가들 일당은 그들이 보기에 칠레에서 성공을 거둔 것으로 여겨진 방법을 폴란드나 러시아에 적용시키기만 하면 된다고 믿었다. 그런데 칠레에는 자본주의가 존재했고, 폴란드와 러시아엔 자본주의라는 것이 없었다. 그리고 이런 '학문'적 위치에서 그들은 얼빠진 정치가들——나는 지금 함부로 말하는 것이 아니다——에게 가장 먼저 충고했다. 마찬가지로 서독인들은 동독인들을 대상으로 같은 일을 벌였다. 하지만 그들은 매우 빨리 그리고 독단주의 없이 상황 판단의 오류를 수정할 줄 알았다. 나는 이런 부류의 경제학자들이 경제학의 요구를 더욱더 지나치게 멀리까지 확장시킴으로써 경제학에 가장 큰 피해를 입히고 있고, 오늘날 표면화되고 있는 경제학에 관한 몰이해 속에서 큰 비중을 차지하고 있다고 생각한다.

그렇다고 치자. 하지만 그보다 더 근본적인 문제 하나가 그래도 남아 있다. 자본주의들에 국한했을 때만이라고 해도 하나의 경제학적 담론을 가능케 해주는 건 무엇인가?

내가 보기에 하나의 경제학적 담론이 가능하려면 하나의 조건이 필요하다. 상품과 그것들의 일반적인 등가물, 즉 돈과 관련하여 우리는 시간 속에서 변하지 않는 당사자들(개인적인 관계자들, 혹은 기업처럼 집단적인 관계자들)의 행동들을 식별할 수 있어야 한다. 그것들이 시간 속에서 변하지 않기 위해서는 문제의 당사자들의 행동이 다른 행동들로부터 독립되어 있어야 한다. 그때서야 우리는 상품과 돈에 관한 이런 안정된 행동들을 '경제적 행동'이라고 부를 수 있을 것이다. 일례로 이런 가정을 해보자. 첫째, 소비자는 항상 그들의 소득이 허락하는 재화와 용역의 총체가운데 가장 큰 만족을 주는 일체를 선택하면서 그들의 소득을 소비한다. 둘째, 예금자들은 항상 각양각색의 가능한 투자들 중에서 가장 높은 수익을 안겨 줄 것으로 기대되는 것을 선택한다. 셋째, 기업의 경영자들은 항상 주식의 흐름(또는 총매상고의 증대, 이때 행동은 중요하지 않으며 다만 안정되어 있기만 하면 된다)을 극대화하는 전략을 택한다 등. 그때서야 우리는 경제학을 시작할 수 있다. 다시 말해 모델을 제작할 수 있고, 이 모든 행동들의 상호 작용의 결과를 예측할 수가 있는 것이다.

반대로 소련 사회주의의 경우처럼 생산 활동이 전적으로 국가 안에서 이루어지고 전적으로 당의 정책에 의해 조정될 경우, 그리고 이런 생산 활동이 심지어 생산 단위의 중심에서조차 다른 성질(사회, 교육, 정치)의 활동들과 친밀하게 연결되어 있다면 경제 활동이라고 부를 수 있는 것을 위한 독립된 공간은 없다. 게다가 사회주의 국가에서 그것은 참다운 통화의 부재에 의해 확인된다. 마찬가지로 뉴기니의 부족 내에도 경제적 행위를 닮은 행위들이 있다. 이를테면 생산이 있고 교환이 있다. 하지만 이런 행위들은 우리가 '독립된 경제적 행동'이라고 부를 수 있는 것의 결과로 나타나는 것이 아니다. 그들은 혈통·혈족 관계 안에서, 자연에 대한 상징적 관계 속에서, 그리고 그밖의 것들 속에서 친밀하게 결속되어 있다. 요컨대 이런 사회에서 우리는 전체 행동으로부터 교환 행위를 분리할 수 없다. 그리고 만일 그것을 따로 떼어 놓을 수 없다면, 우리는 경제학이라고 부를 만한 자율적인 담론의 틀 안에서 그것의 법칙을 묘사할 수 없다. 요컨대 내 말의 요지는 자본주의들 안에서만 여타의 행동들과 구분되는 안정된 경제적 행동들을 분리할 수 있다는 것이다. 그 영토 안에서 우리는 경제학을 할 수 있다.

그렇다면 당신도 인간은 **호모 에코노미쿠스**(경제적 인간)라고 주장하나?

아니다. 일부 경제학자들은 인간이 근본적으로 에코노미쿠스라는 가설을 주장한다. 즉 인간의 행동 전체가 결국은 그가 상품과 돈에 대해 나타내는 바와 똑같은 합리성의 영역에 속한다는 것이다. 그래서 그들은 경제학은 인간 행동에 관한 하나의 일반적 학문이라고 주장할 수 있는 것이다. 하지만 나는 그렇게 주장할 필요성을 느끼지 않는다. 난 그저 이렇게 말할 필요성만을 느낀다. 어떤 역사적 상황 속에서 우리는 인간들 가운데 하나의 **호모 에코노미쿠스**를 나머지 인간들――정치인, 사랑에 빠진 사람 등――로부터 '분리할 수'는 있다고. 그러므로 나는 경제학을 축소시킨다는 비난을 받지 않아도 된다. 왜냐하면 내가 보기에 그것은 '인간' 혹은 '사회'가 될 수 있는 전체에 관한 담론이 아니기 때문이다.

그렇다면 모든 경제적 당사자들을 대상으로 경제적 행동과 그의 나머지 행동들을 구별할 수는 있을까?

기업과 같은 집단의 경우를 보자. 하나의 기업은 매우 복잡한 존재임이 분명하다. 기업은 생산의 장소이지만, 또한 완전히 다른 것이기도 하다. 경제학을 하기 위해 내가 필요로 하는 것은 오직 그 기업의 경영자들이 몇몇 분야(투자, 연구 개발, 생산 유형의 선택, 생산지의 선택, 고용, 주주들에게 쏟아부은 배당금 등등)에서 취하는 행동들이 어떤 특별한 합리성에 의해 설명할 수 있는 시간 속의 안정성을 나타낸다는 가정이다. 기업의 다른 측면들에 흥미를 갖는 배려는 다른 이들(사회학자들, 관리자들)에게 맡기련다. 그렇지만 경제학자로서 나는 그들의 말을 무척 주의 깊게 듣고 있다. 사실 그들의 분석 덕에 나는 나의 경제학적 합리성의 모델들을 명확하게 밝히고 개선할 수가 있는 것이다. 하지만 경제학자에게는 이런 합리성이 분리되고 자립될 수 있는 것이 중요하다. 대단히 걱정스러운 점은 현실에서는 모든 기업 경영자들이 내가 가정하는 합리성으로 계산하지 않고, 점성가들과만 상의하고 그들의 명령을 그대로 따르겠다고 나를 설득하는 것이다. 그럴 경우 나는 더 이상 경제학을 할 수 없을 것이다. 아니면 경제학이 사실은 점성술의 한 응용 분야라는 결론을 내려야 할지도 모르겠다.

▌그리고 국가 말인데, 국가도 역시 경제학적 합리성을 따르나? 그것도 다른 것들과 똑같이 하나의 경제학적 당사자인가?

국가는 경제역학에 다양한 방식으로 개입한다. 통화 가치의 조절에 의해, 세금과 공적 지출에 의해, 상품과 자본·시장의 기능을 둘러싼 일련의 법 규정들에 의해 국경에서 사람·상품·자본이 유출되는 것을 통제함으로써 개입하는 것이다. 이런 개입의 총체가 경제 정책을 구성한다. 우리는 이미 '효과적인' 즉 경제학적으로 말해 모든 이가 이득을 보는 경제 정책은 좀처럼 존재하지 않는다는 것을 알았다. 이 경우는 별도로 치고 경제 정책들은 항상 엄밀한 의미에서 경제학적이지 않은 목표들을 추구한다. 이를테면 이런저런 집단을 위한 분배의 수정, 사회의 정치적 단결, 다른 나라들에 대한 공격 같은 것들 말이다. 따라서 우리는 순수하게 경제학적인 국가의 합리성을 언급할 수 없다. 우리는 국가에서 자립적이고 변하지 않는 '경제적 행동들'을 가려낼 수 없다. 이런 주장은 경제학자에게 하나의 가공할 문제를 제기한다. 사실 만일 경제적 추진력이 경제 외적인 어떤 논리에 의해 움직이는 국가에 의해 영구적으로 교란된다면, 이런 추진력을 분석하고 그것으로부터 변화를 예측하기란 불가능한 일일 것이다. 다행히도 국가의 경제 정책들은 적어도 본질적인 차원에서는 매일 변하지 않는다. 그것들은 **사실상** 장기간 동안 어느 정도의 안정성을 보인다. 따라서 내 생각에 경제학자는 언제나, 그리고 어느곳에서나 유효한 법칙을 찾는 것은 포기해야 한다. 국가의 정책들 때문에 생긴 외적인 교란 때문이다. 하지만 반대로 국가의 개입이 안정되어 있는 기간들에 관해서는, 시간 속에서 제약을 받는 국지적인 법칙들을 세울 수는 있다. 요컨대 **보편적인** 자본주의에 관한 일반적인 경제적 법칙들은 존재하지 않는다. 하지만 시간적으로 공간적으로 한정된 **어떤** 특정 자본주의에 관한 법칙들을 규정할 수는 있다.

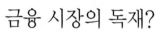

# 금융 시장의 독재?

당신은 국가가 항상 정치적 기준에 의해 선택된 독립적인 경제 정책들을 세울 능력이 있다고 주장한다. 하지만 오늘날 금융 시장은 국가에게 유목민적인 자본주의적 행동만을 위한 순수한 경제 논리를 강요하지는 않나?

'금융 시장의 독재'라는 대단히 논란의 소지가 많은 이 문제를 제대로 이해하려면, 본론으로 되돌아와 약간 법석을 떨며 30여 년 전부터 세계적 차원의 금융 분야에서 있었던 일을 설명하는 절차를 피할 수 없을 것이다. 지난 60년대에는 하나의 지역에서 다른 지역으로 자본이 이동하는 것이 국가에 의해, 그리고 제한된 결과에 의해 엄중한 감시를 받았다. 이는 몇 가지 예외를 제외하면 한 지역 안에 축적된 저금이 동일한 지역 안에서만 투자될 수 있었다는 것을 의미했다. 그러한 제도의 틀 안에서 국가는 그들의 통화 정책의 커다란 자치권을 향유하는 동시에 그들의 화폐간의 고정된 등가 제도를 유지할 수 있었다. 사람들이 브레턴 우즈 국제통화제도라고 부른 것이 이것이다. 국가는 특히 자유롭게 경제 성장론적인 통화 정책을 추진했고, 그것은 다른 지역에서보다 그들의 영토에서 더 높은 인플레이션으로 나타났지만, 그렇다고 그것이 그들의 통화 가치를 순식간에 떨어뜨리도록 강요하지는 않았다. 국가들간 통화 정책들의 차이가 환율 변경으로 나타난 것은 얼마 후의 일이었다. 따라서 이 기간 동안의 인플레이션은 유용한 경제 정책 도구였다. 70년대, 그리고 80년대에는 더 빠르게 국가들은 영토간의 자본 순환의 장애물들을 점차적으로 제거해 나아갔다. 그 결과 우리는 이를테면 프랑스에서 형성된 저금을 일본 · 미국 · 독일 등지로 투자하러 갈 수 있는 수단을 획득했다. 물론 매번 환전은 해야겠지만. 이런 자본 유통은 정부가 그들의 통화 정책에서 어느 정도 자치권 유지를 희망함에 따라 고정된 환전 제도를 크게 발전시키는 결과를 가져왔다.

그것은 좀더 설명할 가치가 있는 것 같은데?

간단한 예를 하나 들어 보자. SICAV(프랑스 투자신탁회사)의 직원 몇 명이 인플레이션이 2퍼센트인 상황에서 고객들이 맡긴 돈의 일부를 고정 이율로, 이를테면 7퍼센트로 국고 채권에 투자했다고 치자. 이때 그들의 실질적인 수익은 5퍼센트가 된다. 그리고 프랑스 정부가 경기 성장에 활기를 불어넣기 위해 경제 정책에 관한 대책을 세웠는데, 그것이 SICAV를 경영하는 금융분석가들의 눈에는 프랑스에 극심한 인플레이션을 야기할 것처럼 보인다고 치자. 이때 만일 프랑스의 인플레이션이 1년에 2퍼센트에서 5퍼센트로 올라가면, 7퍼센트이던 채권의 실질적인 수익은 5퍼센트에서 2퍼센트로 떨어진다. 만일 당신이 그들의 저금에 대한 만족스러운 수익성을 고객들에게 돌려 주려고 노력하는 SICAV의 경영자라면 어떻게 하겠는가? 물론 프랑스 정부의 그러한 경제 정책과 대면한 당신은 가능한 한 가장 신속하게 당신이 보유한 프랑스 국고 채권을 팔고, 거기서 생긴 프랑화를 달러화로 바꾸고, 그 달러를 미국 국고 채권에 투자할 것이다. 그렇게 함으로써 달러화에 대비한 프랑화의 하락을 유발할 것이다. 세상 모든 사람이 이렇게 예상할 터이므로 정부의 대책이 발표되기가 무섭게 프랑화는 순식간에 하락할 것이다. 만일 대부분의 저금 관리자들이 이러한 조처가 취해질 것을 예상한다면, 프랑화의 하락 현상은 앞당겨질 수도 있다.

이런 식으로 매일 지구상의 모든 펀드 매니저들, 모든 기업의 회계과 직원들, 모든 은행들, 그리고 엄청난 개인 재산을 직접 관리하는 모든 사람들이 프랑화 저금을 마르크화 혹은 달러화로 바꾸거나 혹은 그 반대로 하는 그 순간부터 화폐간의 환율은 그날그날 시황에 의해 결정되며 더 이상 일정할 수가 없게 된다. 정부가 일정한 한도 내에서 그들의 화폐 변동을 억제할 수 있는 유일한 방법은 바로 같은 순간 다른 정부들이 취하는 것들과 완전히 다른 통화 정책 조처를 취하지 않는 것이다. 그런데 그것은 이전 시대에 비해 자유를 잃어버리는 것임이 분명하다. 왜냐하면 상대적으로 폐쇄된 자본주의 국가들의 범주 안에서, 수많은 정부들이 특히 자본의 움직임에 대한 엄격한 통제권을 가지고 경제 정책의 도구로서 인플레이션을 활용할 권리를 포기하지 않은 것이 사실이기 때문이다. 그런데 자본이 자유로이 유통되는 상황에서는 더 이상 그렇게 할 수 없다. 어떤 이들이 이것을 '금융 시장의 독재'라고 부르는 것은 그들의 자유이다. 하지만 돈을 맡긴 사람의 입장에서 국가의 이런 자유의 상실은 커다란 이익을 대변한다는 것을 똑똑히 알아두자. 이제 더 이상 정부는 자신의 영토 위에서 조성된 저금을 꽁꽁 묶어두고 인플레이션 정책으로 짓누를 수 없다. 실제로 만일 어떤 정부가 그렇게 하기를 원한다면, 그 저금은 다른 곳에 투자될 것이다.

█ 단순히 말장난을 하는 것은 아닌가? 그렇다면 자신의 펀드 유치에 대한 신속하고도 즉각적인 수익성을 추구하지만, 대부분의 경우 이 모든 것이 함축하는 바를 알지 못하는 까닭에 ──그들은 은행을 신뢰한다 ──무분별할 때가 많은 저축자들의 독재에 관해서도 말해야 하지 않을까?

하지만 저축한 사람은 언제나 자신의 투자로부터 최대의 수익성을 추구해 왔다고 할 수 있다! 다만 25년 전에는 제 나라 땅의 저금 관리자들만 경쟁시킬 수 있었지만, 오늘날에는 전세계의 저금 관리자들을 경쟁시킬 수 있게 되었고, 따라서 객관적으로 그들에게 가장 유리한 힘의 관계 속에 자리하게 되었다. 게다가 오늘날의 저축자들은 단순히 막대한 개인적 재산을 소지한 사람들이 아니다. 그들 중에는 매우 폭넓게 임금생활자들, 중산층에 속하는 사람들도 많다. 이는 특히 이자 수익의 자본 평가에 의한 연금 제도를 가진 나라들에서 그러하다. 이런 저금은 그 유명한 '연금 펀드'에 의해 관리되는데, 이것은 금융 시장에서 가장 중요한 어음 수취인들이다. 또한 오늘날 정부들이 금융 시장의 독재하에 있다는 말을 들을 때, 나는 저축자들이 전에는 그들 정부의 독재하에 있었다고 반박하고 싶다. 과거의 상황이 오늘날의 그것보다 훨씬 더 좋았다고 평가하는 것은 내가 보기에는 너무나 당연하다! 하지만 적어도, 이를테면 정부는 임금생활자들을 위한 저금을 마음대로 약탈하는 것을 더 좋아한다고 용기 있게 말해야 한다. 그리고 물론 그것은 특히 소액 저축과 관계가 많은데, 왜냐하면 분명히 큰 재산들은 항상 스위스에 예치될 수 있는 방법을 발견해 왔기 때문이다. 따라서 함정에 빠지고, 때에 따라서는 약탈되기도 하는 것은 중산층의 저축이었다. 요컨대 나는 일관성 있는 구호들을 듣고 싶다. "자본 시장의 독재를 타도하자." 좋다, 하지만 이것만으론 부족하고 여기에 '금리생활자들의 안락사 만세'라는 말이 뒤따라야 한다. 게다가 이것은 존 M. 케인스가 주장한 바이기도 하다. 왜냐하면 적어도 그는 자신의 소신을 밝힐 용기가 있었기 때문이다. 하지만 물론 완벽한 구호는 좀처럼 들리지 않는다. 왜냐하면 성공할 가능성이 훨씬 적기 때문이다!

하지만 어쨌든 오늘날에는 환율에 지나친 휘발성이 있어 순전한 투기의 터전이 되고 있지는 않은지? 다시 말해 비록 저금을 한 사람들의 목표가 그것을 최고의 액수로 만드는 것이긴 하지만, 그 법칙이 이젠 더 이상 시장 경제의 법칙이 아니라 카지노의 법칙은 아닌가 말이다. 좀더 심각하게 말하자면 장기간을 다스리는 단기간의 독재가 있지는 않은지?

사실이다. 투기는 집단적 현상이 됐다. 하지만 우선 그 이유를 알아야 한다. 사건들의 진행은 다음과 같다. 자본 유통의 자유,

이 자본들이 투자될 수 있는 재정적 도구의 증가——이 분야에서 너무나 비상한 은행들의 상상력과 함께——, 은행들간 통화의 불안정. 그리고 그 까닭은 이미 이야기했다. 하지만 여기에 또한 이율의 변동도 포함된다. 이런 상황에서는 세계적 수준에서 하나의 저금에 대한 최적 규모의 산출 행동을 하는 것, 다시 말해 매순간 최고의 재정 도구들과 저금 투자를 위한 최고의 화폐를 선택하는 일은 대단히 많은 위험을 내포한다. 국제 무역도 사정은 마찬가지이다. 만일 화폐가 바뀐다면 당신은 분명 환전에 따른 위험을 부담하게 된다. 만일 이율이 달라졌는데 당신이 고정된 이율로 그 돈을 빌리거나 빌려 주었다면, 당신은 이율에 관해 플러스 또는 마이너스 위험을 부담하게 된다. 뭐 이런 식이다.

장단기 계약들, 옵션들, 그리고 '2차 상품'이라 불리는 일련의 다른 도구들(이것들은 역시 '2차' 시장들에서 교환된다)과 같은 매우 특별한 투자 도구들이 개발된 것도 이런 가격의 위험 부담을 극복하기 위해서이다. 이 도구들의 본래 기능이자 여전히 주된 기능으로 남아 있는 것은 원하는 사람들에게 가격의 위험으로부터 자신을 보호하게 해주는 것이다. 이를테면 장단기 계약 혹은 달러화에 대한 옵션을 살 때 당신은 당신 자신이 정하는 기간으로, 이를테면 석 달 만기로 오늘 이후로 변동하지 않는 가격으로 프랑화를 주고 달러화를 손에 넣을 것이다. 석 달 후 이 달러화를 프랑화로 살 때 얼마가 들지를 정확히 알기 때문에, 당신은 당신의 외국 공급자들 중 한 사람에게 석 달 뒤 달러로 지불할 수 있는 주문을 태연하게 할 수가 있다. 왜냐하면 그렇게 함으로써 당신은 당신이 주문하는 시기와 그것을 결제하는 시기 사이에 달러가 오를 위험으로부터 당신을 보호할 수 있는 것이다. 하지만 어떻게 보면 2차 시장들에서는 어떤 위험(이를테면 달러화의 상승 위험)으로부터 자신을 보호하고자 하는 사람들의 수는 그 반대의 위험(달러화의 하락 위험)으로부터 자신을 보호하고자 하는 사람들의 수와 정확히 똑같다. 따라서 이 시장들이 올바르게 작동하려면 '위험을 감수하는' 순수한 매수인들로 정의될 수 있는 투기가들이 개입해야 한다. 이것은 이런 종류의 시장에서 공급과 수요의 균형을 맞추려면 필요한 일이다. 왜냐하면 사실 금융과 상업의 글로벌라이제이션에 내재된 위험들이 교환되는 곳이 이런 종류의 시장이기 때문이다.

그렇다면 2차 시장들의 발전은 투기, 다시 말해 고의적으로 가격의 위험을 부담할 수 있는 가능성을 엄청나게 높여 놓았나?

그렇다. 오늘날엔 누구나 혹은 거의 누구나 쉽게 화폐, 이율, 원자재 가격, 주가, 증권거래소의 지수 등에 투기할 수 있게 됐다. 상상할 수 없는 수의 가격 변동을 대상으로 투기할 수 있는 것이다. 하지만 2차 시장만이 이러한 현상의 원인인 것은 아니다. 사실은 그 반대이다! 우리는 모든 금융 시장이 본디 불안정하다는 것, 다시 말해 우리가 투기의 거품이라고 부르는 것을 일으킬 수 있다는 것을 증명할 수 있다. 한 예로 어떤 증권거래소에서 주가가 오르기 시작했고, 이런 상승이 대부분의 관계자들에 의해 비정상적인 것이며 오래 가지 못할 것으로 간주되었는

투기가들은 위기를
일으키기만 할 뿐이다.
위기를 가능하게 만드는
이유들은 그들과는
아무런 상관이 없다.

데도 상승 현상이 지속되는 것을 목격할 수 있다. 왜냐하면 상승이 며칠만 지속되어도 그 주식을 샀다가 며칠 뒤 되팔아서 이익을 남길 수 있기 때문이다. 이것이 투기의 거품을 낳고, 그것은 결국 주식을 사고 파는 사람들, 그리고 특히 투기꾼들의 견해에 사소한 변화만 생겨도 꺼진다. 게다가 반드시 공황에 빠진다. 이 현상이 더 이상 계속되지 않을 거라고 생각하면, 그 생각이 글렀건 옳았건 상관 없이 그들은 상승에서 얻은 열매를 곳간에 넣기 위해 한 발자국 물러난다. 하지만 그들은 거기서 멈추지 않고 추가 이득을 거두기 위해 고의로 폭락할 때 투기한다. 이렇게 하면 당연히 주가는 오르락내리락한다. 하지만 이것은 불가피한 일로서, 금융 시장의 본질 자체에 속하는 일이며 새로운 것도 아니다. 새로운 것이 있다면 그것은 과거에는 이런 유형의 투기꾼들이 몇몇 시장에 틀어박혀 있었고 일정한 나라에 국한되어 있었던 반면, 이제 이런 거품들은 어마어마한 금액과 관계될 수 있고, 대다수의 시장에서 생길 수 있다는 것이다. 왜냐하면 펀드 관리자들과 투기꾼들이 하는 항구적인 이식매매(利食賣買)에 의해 시장들이 모두 연결되어 있기 때문이다. 우리가 알아두어야 할 것은, 만일 우리가 이런 현상을 없애 버리고 싶다면 그저 이런 시장들을 없애 버리면 된다는 것이다. 금융 시장들, 특히 2차 시장들이 안정될 수 있다고 생각하는 것은 어리석은 짓이다. 시장들의 불안정성이 싫다면, 그것들을 없애야 한다.

그것이 많은 사람들의 생각인가?

내가 아는 한 그렇지 않다. 나는 이 시장들의 존재를 두고 불평하는 사람들의 목소리는 너무나 많이 들었지만, 엄격한 영역 분할로 돌아가 이제는 펀드가 조성된 영역 외 다른 곳에 투자되는 것을 더 이상 허용해서는 안 되며, 이를테면 인기 있는 펀드의 경우 인플레이션보다 낮은 이율로 수당을 받게 될지도 모르는 저축 은행의 저금 통장 속에 투자하는 것만 허용해야 한다고 말하는 소리는 한번도 들은 적이 없다. 이 계획을 전개하자는 소리는 아무도 하지 않았다.

그래도 1981년 노벨 경제학상 수상자 제임스 토빈이 1975년부터 제안한 세금 제도가 있다. 지금은 실효가 없지만!

'토빈의 세금'은 자본 유통에 세금과 관련된 '마찰'을 끌어들이기 위한 하나의 방법이다. 이것은 화폐의 교환, 그리고 이동된 금액의 일정 퍼센트의 재정적 조작에 세금을 부과하는 것이라고 한다. 이렇게 정의된 개념 자체는 좋지도 나쁘지도 않은데, 그것은 이 개념이 지나치게 포괄적이기 때문이다. 모든 것이 우리가 고려하는 과세율에 달렸다. 세율이 이를테면 2퍼센트로 지나치게 높으면, 그리고 모든 국가가 그것을 적용하면 그것은 국가들의 재정적 영역의 진정한 재분할을 유도할 것이다. 따라서 이것은 현 상황을 근본적으로 변화시키는 일이 될 것이다. 그때 제기되어야 할 질문은 다음과 같다. 지금은 부유하지만 쇠퇴하고 있는 한 나라에서 조성된 저금이 많은 투자를 필요로 하는, 이제막 떠오르는 젊은 나라에 투자된다면, 그것이 전체적인 관점에서 볼 때 좋은 일일까 나쁜 일일까? 이때 내 대답은 단호하다. 그것은 좋은 일이다. 더구나 내가 알기로 아무도 이 정도로 높은 토빈의 세금을 제안하지는 않는다. 오늘날의 제안들은 매우 다르다. 〈외교계〉의 제안으로 창설된 어떤 협회, 이를테면 0.1퍼센트의 토빈의 세금을 위해 투쟁한다. 만일 모든 국가가 이것을 엄격하게 적용한다면 어떤 효과가 나타날까? 이것이 이런 생각의 주동자들의 목표로 여겨지는 대규모의 국제적 투기를 견제할수 있을까? 그렇지는 못할 것이다. 왜냐하면 이런 투기들은 투기꾼들이 약 몇 퍼센트라는 매우 큰 금액 변동을 기대할 때에만 발생하기 때문이다. 이런 경우 그들을 말릴 수 있는 것은 0.1퍼센트의 토빈의 세금이 아니다! 이러한 아이디어를 옹호하기 위해 제기된 또 다른 이론은 이것이 자본 보유자들로부터 막대한 금액을 거두어들일 수 있게 해줄 테고, 그 결과 그 돈을 개발보조금 등으로 쓸 수 있으리라는 것이다. 하지만 이것이 투기를 억제하기 위해서라기보다는 빈민들에게 줄 세금을 부자들에게 부과하기 위해 생긴 것이라면, 우리는 그때 끝없는 말대꾸들 속으로 들어간다. 그런데 끝없이 순환하는 그 말대꾸들이 그것들의 창안자들에게 폐를 끼치는 것 같지는 않다. 토빈의 세금은 거의 모든 정부들, 특히 가장 잘사는 나라의 정부들이 그것을 적용하는 데 동의할 경우에만 실현성이 있는 것으로 보인다. 그리고 그렇지 않을 경우, 해외 금융 시장이 즉시 등장하여 세계의 금융 조작의 대부분이 그곳에 집중될 것이다. 하지만 만일 이 모든 정부들이 토빈의 세금을 징수하고 그것으로 개발보조금을 충당하는 데 동의한다면, 그들에게 각자 개발에 보태는 보조금을 늘리도록 요구하고, 이 증액에 드는 자금을 그들 자신의 세무 제도를 통해 자유로이 충당하도록 내버려두는 편이 더 쉬울 것이다. 요컨대 토빈의 세금이라는 현행 계획에는 적어도 목적과 수단간의 논리적인 일관성이 결여되어 있다.

▌하지만 부유한 나라들의 저금이 신생국들에게 이전되는 일이 실제로 있나? 미국의 연금 기금의 돈이 중국의 산업 개발에 쓰이나? 분데스방크 은행의 총재는 2차 상품들이 금융 시장을 현실 경제로부터 완전히 분리시켰다고 비난했다. 어떤 이들은 금융권, 잠재적 경제에 관해서도 똑같은 말을 한다. 그것들이 현실 경제, 경제의 현실적 요구와 아무 관계가 없다고.

그렇다! 부유한 나라들의 저금의 일부는 신흥 국가들의 하부 구조와 산업 발전에 투자된다. 비록 다른 일부는 어떤 상황에서는 투기 거품을 키우는 데에만 사용되는 것도 사실이긴 하지만. 현실적 경제 영역과 잠재적 금융 영역간의 관계에 관한 이 문제는 몇 가지 주석을 달 가치가 있다. 우선 우리가 말하는 바에 관해 합의할 필요가 있다. 경제 활동의 중심에 있으면서 재산과 용역을 생산하는 활동 전체를 현실 영역이라 부르고, 전자를 보충하는 전체, 즉 돈이 증권과 교환되고 증권이 돈과 교환되고 계속 이런 식으로 진행되지만 그것이 샛길로 빠져 생산의 물질적 수단에 투자되지는 않는 경제 활동을 금융 영역이라고 부르자. 힘주어 강조해야 할 첫번째 사항은, 이렇게 정의된 현실 영역이 제대로 돌아가기 위해서는 최소한 금융 영역의 한 부분이 절대적으로 필요하다는 것이다. 저축한 돈을 유통시키기 위한 금융 활동, 생산적인 방식으로 그것을 투자하는 당사자들 가까이에 그것을 구성하는 당사자들이 없다면 생산 활동에는 큰 족쇄가 채워질 것이다. 2차 시장으로 말하면 가격의 위험에 대비한 그것들의 보호 역할에는 이론의 여지가 없는데, 그곳은 투기꾼들만 자기들끼리 게임을 하는 시장이 아니다. 그런 시장은 이미 존재한다. 국가에서 하는 복권 사업이 그것이다.

그런데 금융 영역의 한가운데에 다른 형태의 활동이 존재하는 것도 사실이다. 그것은 다만 하나의 금융 수단에서 다른 금융 수단으로 재빨리 이동시킴으로써 이 수단들의 일부 가격에서 기대되는 유리한 변화를 이용하는 방법만으로 원금을 불리려고 시도하는 행위를 일컫는다. 이런 활동을 투기라고 규정지어야 할까? 만일 우리가 곧이곧대로 그렇게, 즉 투기는 가격 위험을 고의적으로 포착하는 것으로 정의한다면 대답은 '예'이다. 하지만 이런 정의의 투기 현상은 특히 오늘날 널리 퍼져 있다. 자본을 소유하고 있으면서 그것을 가장 확실하고 따라서 가장 수익성이 적은 자산, 이를테면 국고 채권에 전부 투자하지 않고 대신 가장 위험하지만 잠재적 수익성은 제일 높은 자산, 다시 말해 주식에 일부를 투자하는 당사자들은 모두 투기꾼이다. 따라서 대부분의 소액 저축자들은 투기꾼들이다. 왜냐하면 그들이 사는 SICAV의 주식은 대개 주식과 같은 위험 부담이 높은 자산의 일부를 소유하고 있기 때문이다. 투기꾼이 아닌 사람은 국고 채권이나 저축 은행의 저금 통장 소지자들뿐이다. 따라서 프랑스 텔레콤이 민영화하는 순간, 오를 것을 기대하고 그 회사의 주식 10주를 산 뒤랑 씨(그의 생각이 맞았다. 프랑스 텔레콤의 주식은 올랐다)부터 소로스 씨까지 모두 투기꾼이다. 다른 점은 본질이 아니라 정도인 것이다.

▌하지만 그 정도가 모든 걸 바꾸지 않는가! 1992년 유럽 통화 체제의 폭발을, 또는 1997년 아시아의 위기를 선동한 혐의로 비난받은 사람이 뒤랑 씨는 아니지 않는가?

맞는 말이다. 뒤랑 씨가 그의 프랑스 텔레콤 주식과 함께 아시아의 신흥 국가들 쪽을 노리는 SICAV의 지분을 갖고 있지 않다는 것을 확인할 필요가 있을 것이다. SICAV는 방콕 주식 시장에서 주식을 샀고, 아시아의 공황을 불러온 투기 거품에 부채질을 하는 결과를 가져왔다. 하지만 뒤랑 씨가 2차 시장을 통해 대규모로 화폐에 투기하지 않는 것은 확실하다. 소로스 씨 같은 대부호 투기가들은 개인 자격으로서만 아니라 수많은 투자 펀드를 통해서도 그렇게 한다. 그 펀드들은 소로스 씨와 그의 협력자들이 관리하는 것으로 무수한 뒤랑 씨가 그들의 저금을 언제라도 위탁할 수 있는 곳이다. 단 그것은 그들이 위험 부담을 즐길 경우에 한해서이다.

▌그러니까 앞으로도 지금처럼 계속 돌아간다면 금융 시장이 문제라는 말인데. 다시 한 번 말하겠다. 금융 시장의 기능은 금융 영역과 현실 영역의 분리라는 명제를 정당화하

지 못하나?

　사람들이 금융 영역이 현실 영역과 분리되었다고 말할 때 정말
로 하고 싶은 말은 무엇인가? 투기가 심하다는 말을 하려는 것인
가? 그래서 지나치게 많은 돈이 제품 개발에 지속적으로 투자되
는 대신 빠르고 위험한 가치 부여를 찾아 헤맨다는 것인가? 만일
그들이 말하고자 하는 바가 그것이라면, 분리라는 말을 입에 담
는 것은 내가 보기엔 적합하지 않은 듯하고 그저 지나친 투기라
고 말하는 편이 나을 것 같다. 그리고 이때 제기되는 문제는 이
런 투기 활동들이 도에 지나치다고 판단되는 방식으로 전개되는
까닭을 알아야 한다는 것이다. 흥미로운 문제는 바로 이것이다.
투기가 전개되기 위한 기술적인 방법들이 존재하는 것은 물론이
다. 하지만 투기가 전개되어야 하는 경제적 이유는 무엇인가? 너
무나 많은 경우에 그 이유들은 우리가 현실 영역이라고 부른 것
과 관계가 있다. 하나의 화폐를 다량으로 공격해서 그 화폐의 가
격 하락을 야기하는 것으로 알려진 투기꾼들을 예로 들어 보자.
전문적인 세부 사항으로 들어가지 않더라도 이것이 한편으로는
해당 화폐가 객관적으로 과대 평가되었을 경우, 그리고 다른 한
편으로는 각국 정부들이 그들의 중앙 은행에 어쨌든 그 화폐를
지킬 것, 다시 말해 시세를 유지하기 위해 투기꾼들이 내다파는
만큼의 양을 사들일 것을 요구할 경우에만 성공한다는 사실을 알
아두어야 한다. 투기꾼들은 위기의 빗장만 열 뿐이다. 위기를 가
능케 만드는 이유들은 그들과는 아무 상관 없다. 그들은 위기의
빗장을 열었고, 그 위기가 취할 수 있는 맹렬한 양상에도 책임이

있다. 하지만 근본적인 책임은 위기의 요소들(이를테면 어떤 화폐의 과대 평가를 유도하는)이 쌓여 가도록 방치하고, 그것들을 제때에 처리하지 못한 정부에게 되돌아온다.

▌ 당신의 말은 투기가 국가의 묵계가 있어야만 전개될 수 있으며, 국가와 맞서서는 불가능하다는 것인가?

아니다. 나는 묵계에 대해 말하는 것이 아니고, 일부 투기 현상들의 대규모화의 원인이 되는 요인들에 관한 국가의 책임을 말하는 것이다. 물론 투기 현상들은 국가와는 무관하게 존재한다. 이것을 설명하기 위해 다른 예를 하나 들어 보자. 1997년의 아시아 위기의 예를 보자. 우리는 이 위기의 발발에서 투기꾼들이 행한 역할을 강조했고 그것은 정당하다. 우리는 또 주식 가격, 부동산 가격, 동남아시아 몇몇 나라들의 화폐 가치의 폭락이 사실은 이전의 투기 거품들의 불가피한 결과라는 사실도 강조했다. 따라서 문제는 왜 투기 거품이 있었나 하는 것이 된다. 사람들은 그 나라 정부들의 통화 정책에 내재된 원인들을 제기한다. 그들이 그들의 은행 체제를 충분히 잘 통제하지 못했다는 것이다. 은행들은 외국으로부터 많은 돈을 꿔서 국내 관계자들에게 그 나라 돈으로 다시 빌려 주었고, 그들은 부동산을 구입하거나 건설하고 주식을 사는 데 그 대부금을 썼다. 이것은 정확한 분석이다. 하지만 내 생각으로는 좀더 근본적이면서도 이 위기를 분석한 글들에서 그것보다는 덜 강조되는 또 다른 이유가 있으니, 이 나라들 내부의 분배가 매우 불공평하다는 특징이 그것이다. 물론 부자들은 그곳에서 호화롭게 산다. 하지만 그들은 저축을 할 것이고, 그들이 버는 돈의 대부분을 투자할 곳을 찾을 것이다. 그 돈을 투자하려면 그들에게는 두 가지 가능성이 있다. 돈을 현실 경제에 투자하거나, 또는 금융 시장이나 부동산 시장에서 이 금액을 최고로 끌어올리려고 힘쓰는 것이 그것이다. 그들이 더 이상 현실 경제에 투자하지 않고 그들의 저축을 가지고 투기 거품을 부풀리는 데 기여한 것은, 현실 영역에 투자했을 때의 수익성에 대한 전망이 투기 분야에서 감행해 볼 이익에 대한 기대치와 비교해 충분치 않게 여겨지기 때문이었다.

그렇다면 그 까닭은 무엇인가?

왜냐하면 수익성 있는 방식의 생산에 투자하려면, 증가하는 생산에 앞서 증가하는 소비의 수요도 있어야 하기 때문이다. 그런데 우리는 거기서 소득의 불공평한 분배를 다시 만나게 된다. 만일 이 나라들에서 성장의 열매가 소수의 수중에만 지나치게 집중된다면, 소득의 대부분을 다 써버리고 마는 빈민층의 소득은 현실 영역에의 대량 투자를 정당화할 수 있을 만큼 빨리 오르지 못할 것은 명백하다. 감독을 제대로 받지 않은 은행들이 관대하게 허락한 대출로 불려진 부자들 저금의 상당한 부분은 투기 자산으로 투자될 것이다. 초기에는 물론 자기 보존되는 현상이 벌어진다. 그러한 투자는 이 자산의 가치를 끌어올리고, 그것이 **후에** 투자를 정당화하고 다른 투자들을 끌어들인다. 거품이 부푸는 것이다. 하지만 이 거품은 항상 **결국엔** 터지고야 만다. 왜냐하면 사람들은 결국 그 거품이 실제로 만들어 내지 않은 부를 더 이상 분배할 수 없기 때문이다. 공황은 잉여 자본을 대량으로 파기해 버린다. 그것은 투기의 거품에 의해 인위적으로 만들어진 것이며, 현실적인 부와는 아무런 관련이 없다. 현실 영역은 자신의 법을 강요했다. 따라서 나는 분리라는 말을 언급할 수 없다고 생각한다. 결합은 항상 존재하며, 절대로 사라지지 않을 것이다.

좋다. 현실 영역이 부메랑 효과를 통해 자신의 법칙을 부과했다 치자. 하지만 이렇게 사라진 저금은 개발에 사용된 것이 아니다. 따라서 나는 이 질문으로 되돌아오지 않을 수 없다. 일부 경제학자들이 주장하는 대로 오늘날 우리가 가진 금융 영역의 형태가 현실 영역의 발전을 방해하는 것은 아닌가? 만일 우리의 금융 영역 형태가 지금과 다르다면 현실적인 부는 더 빨리 증가할 수 있지 않을까?

말하기 미안하지만 그 질문은 너무 추상적인 것 같다. 하나의 자본주의는 전체를 형성한다. 이것은 다른 것들을 바꾸지 않고도 어떤 조각이든 바꿔 끼울 수 있는 조립 장난감이 아닌 것이다. 오늘날 널리 유행되고 있는, 자본주의 국가들에 대한 어떤 유형의 비난은 그들의 모든 악의 주된 원인이 하나의 특별한 국면, 이를테면 금융 시장 같은 것에 있을 수 있다고 고발하는 걸 그 내용으로 하고 있는데, 그것은 총체적 대안을 내놓을 수 없기 때문이다. 이렇듯 대개의 경우 우리는 이 자본주의 국가들의 심오한 논리를 제대로 이해하지 못하고 있다. 따라서 국가들이 진정으로 그것의 흐름을 바꾸기를 원할 경우에도 그들이 해야 할 일의 본질과 규모를 알지 못하는 것은 당연하다. 현재의 이런 태도에는 불행하게도 화려한 전례가 있다. 나는 페르낭 브로델을 무척 존경한다. 하지만 내 생각에 그는 자신의 최근 저서 《자본주의의 역학》에서 '시장 경제'는 좋은 것이고 '자본주의'는 폭넓게 기생하는 상층 구조로 여김으로써 그 두 가지를 별개로 보는, 별로 설득력 없는 이런 유형의 작업에 몰두하고 있다는 것을 인정해야 할 것 같다.

하지만 자본주의를 근본적으로 바꾸지 않은 채 이런 투기 현상들을 억제하기 위해 정부들이 할 수 있는 일이 정말로 아무것도 없단 말인가?

그렇지 않다. 이를테면 아시아의 위기는 보편적 효과를 지닌 두 개의 교훈을 우리에게 주었다. 만일 아시아 국가들이 이런 종류의 사건의 재발을 피하고 싶다면, 두 가지 경제 정책 수단을 적용할 것이다. 첫번째는 그들의 은행 체제에 대해 이전보다 훨씬 더 엄격한 감시를 해서 투기 매매를 무제한 부추기는 행위를 멈추게 하는 일이다. 두번째는 지금껏 했던 것보다 훨씬 더 많이 이 나라들 내의 국내 소비를 지속시켜서 생산 영역에서 행해지는 투자가 이전보다 더 수익성 있는 투자처럼 보이는 전망을 제공하는 일이다. 말레이시아의 수상은 국제적 투기에 대해 1997년 그가 했던 것처럼 공공연하게 반유대인적 발언을 하는 대신, 투기의 거품이 자국에서 전개될 수 있었던 이유를 철저히 검토

했더라면 좀더 신뢰성 있게 보였을 것이다. 금융 시장의 독재에 관한 발언은, 그것이 고위 정치가에 의해 행해질 때 상당히 많은 위선을 드러낸다. 다른 정치가들이라면 할 수 있었을지도 모른다는 것, 다른 정치가들이라면 우리가 여기저기서 경험한 위기 상황으로 불가피하게 끌고 가지 않았을지도 모른다는 것을 은폐하기 위한 것일 때가 너무나 많다.

> 1998년 여름의 러시아 위기에 대해서도 그렇게 말하겠는 가? 그것은 예측 가능했나?

물론 예측 가능했다. 아시아의 위기가 시작되던 1997년 여름부터 수많은 전문가들은 "다음 차례는 러시아가 될 것이다"라고 예언했다. 주식이 30 내지 50배의 이득이 남는 시세로 거래될 때, 한 나라가 무역 적자와 대외 부채를 축적하면서 자국의 통화를 유지하려고 노력할 때, 대단한 전문가가 아니라도 "이러다가 붕괴되고 말지"라고 단정할 수 있다. 언제가 될 것이냐? 그것이 유일하게 까다로운 문제이다. 왜냐하면 우리는 그것이 객관적인 요인들에만 달려 있는 것이 아니고, 대규모 주식 거래자들이 어떻게 의견을 뒤집느냐 하는 것에도 달려 있다는 것을 보았기 때문이다. 그런 위기를 유도한 정치가들로 말하면 내가 제1장에서 말한 것, 즉 사회주의 국가들에는 '경제'가 없다라는 말에서부터 출발해야 한다. 따라서 탈사회주의 정부들의 과업은 사회주의가 만들어 낸 사람들과 공장들을 가지고 하나의 경제를 건설하는 것이다. 이 과업의 핵심은 콤비나트〔소련의 종합 공업 공동체)를 자본주의 기업으로 변모시키는 데 있다. 그러기 위해서는 과거 콤비나트의 사회적 생산적 기능을 분리하고, 현대적인 사회주의 국가를 건설하고, 소유권 문제를 해결하여 기업 내의 권력이 진정한 기업주에게로 돌아가게 하고, 대량으로 투자해야 한다. 러시아 정부는 이것을 폴란드 · 헝가리 또는 중국 정부들보다 턱없이 못해냈다. 소련이 **오래 전부터** 자본주의 국가와 가장 동떨어진 생산 체제를 갖고 있었던 것은 사실이다. 하지만 그래도 나는 어느 정도 시간이 흐른 뒤의 러시아에 대해서는 낙관적이다. 오늘날 남들의 부러움을 사는 신흥 부자들 옆에 진정한 기업가들이 두각을 나타내기 시작했고, 또한 러시아의 인적 자원은 무한하기 때문이다.

좀더 총체적으로 글로벌라이제이션에 대해 말하기에 앞서 투기꾼들, 금융 시장과 함께 빈번히 비난의 대상이 되는 국제통화기금(IMF)이라는 기구에 대해 이야기를 나누었으면 좋겠다. IMF는 그의 영향하에 들어온 나라들에게 대출해 준 돈에 대해 어떤 상환 조건을 부과하는데, 이 경우 그 나라들의 실패의 원인 자체를 강화해야만, 다시 말해 세계 시장의 법칙에 꼼짝없이 복종해야만 실제로 거기서 탈출할 수 있다. 이에 대해 당신은 어떻게 생각하나?

IMF는 사실 다른 논쟁점이다. 결국 IMF가 무엇인가? 현재의 체제에서 IMF는 더 이상 아무도 그 일을 하려 들지 않을 때 그래도 돈을 빌려 주는 금융 기구이다. 그렇다면 아무 조건 없이 돈을 빌려 주길 바라서는 안 된다. 그쪽의 주장에 따르면, 그같은 조건을 지켜야 해당 차용국들은 어느 정도 시간이 흐른 뒤에는 돈을 갚을 수 있을 거라고 한다(경제 '조정 계획' 조건. 정부는 대출을 받는 대신 이것을 받아들여야 한다). 이것은 사실상 피할 수 없다. 만일 정부가 이 조정 계획을 피하고 싶었다면, IMF에 도움을 청하는 일을 피했어야 했을 것이다. 그리고 그것은 근본적으로 그 나라의 책임에 속한다. 한편 IMF가 부과한 목표들에 도달할 수 있는 방법은 많다. 이를테면 수출을 늘리라는 거라면 국내 소비는 줄여야 한다. 하지만 누가 국내 소비를 줄여야 하고, 또 어떤 소비를 줄여야 할까. 부유층, 빈민층, 정부 자신? 그리고 이 경우 어떤 공공 지출을 줄일 것인가? 교사들의 월급이나 무기 매입에 드는 지출? 대중 교통 수단이나 고속 도로의 건설? 이것은 얼핏 보아도 매우 광범위한 문제이고, 국내의 경제 정책에 관한 사항이다. 물론 IMF는 이 모든 질문에 대해 무척이나 확고한 생각을 갖고 있다. 그리고 최근까지도 대체로 무척 자유로운 권고가 담긴 똑같은 요리법을 어느 나라에나 내놓았다. 여기서 다음과 같은 비난의 이유가 납득이 된다. 같은 결과에 도달할 수 있는 다른 방법들도 존재할 수 있다. 하지만 다른 생각을 가진, 그리고 이와는 다르지만 믿을 수 있는 계획을 제시하는 정부는 언제든 협상할 수 있다.

그런 일이 그다지 자주 일어나는 것 같지는 않은데?

그건 사실이다. 하지만 그것은 IMF에 도움을 청해야 할 처지에 몰린 정부들이 대부분 그 일이 있기 전에 극소수를 위해 고약한 정책을 따랐기 때문이고, 그들이 순식간에 '덕망 있게' 되지 않았기 때문이다. 우리 목표를 혼동하지는 말자! 반대로 만약 IMF의 현재의 기능에 비판의 여지가 있다면 그건 전혀 다른 이유 때문이다. 어음 수취인으로서 한 신흥 국가의 은행 체제의 붕괴를 방지하기 위해 새로운 대출의 형태로 이루어지는 그것은 사실 누구를 구하는 일인가? 그것은 이 체제가 높은 위험을 보인다는 이유로, 대개는 아주 유리한 이율로 이 은행 체제에 돈을 빌려 준 은행과 국제 투자가들이다. 사실 거기에는 자본주의의 윤리적 관점 자체의 문제점이 있다. 그들이 위험에 처했다는 이유로 수익성 높은 투자를 받아들이는 금융 관계자들은 위험이 표면화될 경우 그들 자신이 손실을 감수해야 하기 때문이다. 물론 IMF가 이런 식으로 개입하는 것은, 이 관계자들의 몰락이 세계 금융 체제 전체를 황폐하게 만드는 연쇄 반응을 초래할 수도 있기 때문이다. IMF는 이 '체제적 위험'이라는 명목으로 방화범까지 구출할 것을 각오하고, 불을 초기에 진압하려고 노력하는 것이다. 하지만 돈을 빌려 주기 위해 돈을 빌리는 것이기 때문에, 그렇게 함으로써 이율을 인상시키고 돈을 빌려야 하는 모든 이들에게 불이익을 주는 결과를 초래한다. 이런 메커니즘 덕에 모든 것이 잘 굴러갈 때, 이익은 개인의 것으로 머문다. 하지만 잘 굴러가지 않을 때, 그 손실은 모든 사람에게 돌아간다.

이때 문제가 되는 것은 현재의 은행 체제와 국제 금융 체제 전체의 구성이다. 이에 대해 당신은 무엇을 제안하겠는가?

  각 나라가 금융 관계자들의 행동에 관한 규칙들을 강화해야
한다. 그리고 거기에 그들의 작업에 관한 신뢰할 수 있는 정보의
유포를 포함해야 한다. 그래야 그들은 더 신중해지고 자신들의
책임을 더 잘 수용할 것이다. 또한 분명하게 통고된 규칙들에 따
라 국지적인 위기의 처리에 관한 효과적인 메커니즘이 정착되어
야 할 것이다. 하지만 단순한 유동성의 위기——몇몇 관계자들
이 대량의 화폐를 필요로 하지만 그것은 단기간을 위한 것이고,
어떻게 보면 하나의 난관을 극복하기 위한 것일 때——의 처리
와 진짜 금융 위기를 구별해야 할 것이다. 진짜 위기 때에는 대
량의 자본이 허구적인 것이 되어 사라지게 마련이고, 그것은 파
산한 은행과 기업들의 구조 조정을 위해 소유권의 이전을 야기한
다. 그때는 이미 이 문제가 IMF 하나만의 역할 문제를 떠나 국가
들, 물론 특히 가장 잘사는 나라들의 집단 책임에 속하게 된다.

노동의 글로벌라이제이션

우리는 방금 금융 시장에 관해 이야기했다. 그런데 세계
화는 훨씬 더 자유로운 자본의 유통을 가져왔나? 세계화
가 새로운 것은 아니다. 하지만 현재의 상황은 자본주의들
의 어떤 경향의 연속인가, 아니면 반대로 지금 우리는 급격
한 변화를 겪고 있는 것인가?

나는 세계화(mondialisation)라는 표현보다 글로벌라이제이션
(globalisation)이라는 표현을 더 좋아하기 때문에 이제부터 이 용
어를 사용하겠다. 물론 글로벌라이제이션이 점점 더 자유로운
자본의 유통을 야기하지는 않는다. 그것과는 전혀 다른 것이 문
제된다. 사실 그것은 비단 자본 유동성의 증가에 의해서 야기될
뿐 아니라 상품과 코드화가 가능한 것으로 규정할 수 있는 정보,
다시 말해 디지털화될 수 있고, 따라서 인간과 관계 없이 전송될
수 있는 정보에 의해서도 야기된다. 결국 경제적인 측면에서 본
오늘날의 세계에서 모든 유통은 점점 더 빨라지고, 거기에 드는
경비는 점점 더 적어진다. 이때 물론 인간은 제외되며, 이 점은
매우 중요하다. 점점 더 용이해지는 이런 유통은 특히 글로벌 상
사들의 증가와 발전을 가져왔다. 내가 글로벌라이제이션에 대해
말하는 것도 그 이유 때문이다.

우리가 일반적으로 최근의 현상으로 간주하는 글로벌라이제이

션은 분명히 최근의 현상이 아니다. 그렇다고 이 분야에 일반적인 경향이 있는 것도 아니다. 4세기 동안 우리는 유랑 단계와 정착 단계 사이에서 파동을 겪었다. 몇몇 전문가들을 제외하고 우리는 이를테면 모든 악의 몇 가지에 대해 책임이 있는 자본 움직임의 현실적 중요성에도 불구하고, 국내 총생산의 퍼센테지에서 이 시대 영토간 자본의 순수한 흐름은 여전히 1914년 제1차 세계대전 직전보다 낮은 상태에 머물러 있다는 것은 잘 모르고 있다. 1929년의 공황이 끝난 뒤 각국 영토의 문은 닫혔다. 다시 말해 유목 활동은 그것의 상대적인 중요성을 상실했다. 자본주의 국가들은, 어쨌든 선진국들은 특히 자기 집중화되고 고착화되었다. 하지만 60년대 이후 처음엔 상품, 나중엔 자본의 유동성이 증대되었다. 그 결과 오늘날 하나의 진정한 단절은 물론 60년대 중반부터 축적되고 가속화된 변화도 끝나고, 사실 우리가 자본주의 국가들을 변화시켰다고 볼 수 있다. 부유한 나라들은 사실 자기들끼리 거의 경쟁하지 않는 정착된 자본주의 국가에서 그보다 훨씬 더 유목민적인 자본주의 국가로 바뀌었다. 이때 유목민적인 요소들은 영토간의 경쟁을 점점 가중시키고 있다.

▌그렇다면 당신은 다국적 기업과 비교해 글로벌 기업을 뭐라고 부르는가?

현재의 글로벌 기업과 과거의 다국적 기업간에는 부인할 수 없는 차이가 있다. 모든 자본주의 국가들에게는 항상 유목민적 요소가 있기 때문에 동시에 여러 영토에 개입하고, 이 영토들 사이에서 상품 혹은 자본을 유통시키는 기업들이 항상 존재해 왔다. 하지만 이 회사들과 그 영토들의 관계와, 이 회사들이 그곳에서 일하는 방식은 많이 변화했다. 19세기, 그리고 20세기초까지는 주로 원료를 찾아 다른 나라 땅으로 가는 기업들이 많았다. 20세기초부터 일부 제조 회사들은 확고한 국내 기반을 가진 채 다른 나라의 영토에 모든 생산 시설을 설치했다. 그리고 그곳에서 주로 그 회사의 모국의 영토에서 나는 것과는 다른 제품들을 생산했다. 헨리 포드는 1913년 영국에 그의 첫번째 공장 문을 열었다. 그리고 우리 모두는 포드·제너럴모터스와 같은 유럽에 세워진 미국의 자동차 회사들이 미국의 자동차와는 다른 자동차들을 구대륙 안에서 구상하고 제조한 것을 확인할 수 있었다. 서비스 분야에서는 쥘 베른의 책을 읽기만 해도 19세기부터 쿡(Cook)에 이전시 같은 회사들이 전세계의 여행자들에게 서비스를 제안했고, 이 여행자들은 어떤 위험이 닥치건, 그 위험이 어디서 발생하건간에 상관 없이 런던의 보험업자들 덕에 안심할 수 있었다는 것을 기억할 수 있다. 그러니까 여러 영토 내에서 움직이는 회사들이 존재한 것은 자본주의 국가들만큼이나 오래 된 현상인 것이다.

상황을 도식화해 보면 현재의 글로벌 회사는 다음과 같이 일하는 회사로 표현될 수 있다. 우선 글로벌 회사는 생산 시설을 분해한다. 그러면 그 일은 새로운 제품의 연구 개발에서 배포에까지 영향을 미쳐 모든 활동을 단순하고 통일되게 만든다. 그 다음 글로벌 회사는 정착적 성격의 활동들을 적당한 곳에 정착시킨다. 예를 들어 하나의 제품을 하나의 소비자에게 팔려면 이 소비자에게 가까운 곳에 가게를 열어야 한다. 그런데 전자 상거래와 함께 이런 법칙은 바뀔 수도 있다. 하지만 어떤 부품들의 제조나 최종 조립, 또는 연구 개발, 또는 하나의 선전 광고 같은 본질적으로 유목민적인 활동들을 위해 글로벌 기업은 이 활동을 위한 최상의 조건을 제공하는 영토에 활동을 정착시킨다. 이렇듯 글로벌 기업은 많은 노동력을 소모하는 유목민적 활동은 노동력이 싼 나라, 또는 더 구체적으로 말하면 노동력의 질과 가격의 관계가 최고인 나라에 배치한다. 글로벌 기업은 연구원과 학자들이 많이 있는 지역에 자회사의 연구실을 배치한다. 그러면 이 기업이 재정적으로 뒷받침하는 연구 계약들 덕에 공공 연구실에서 그들이 쌓은 지식이 기업의 연구실로 이전될 것이다. 글로벌 기업은 활발하고, 특히 창조적인 디자이너 혹은 광고인 공동체가 존재하는 도시에 구상 활동이나 광고 활동을 배치한다. 글로벌 기업은 월스트리트 같은 도시에 금융 활동을 배치한다. 이런 식이다. 이런 현상의 결과들 중 널리 알려진 하나가 우리가 오늘날 국제 무역, 즉 영토간의 상품 교환이라고 부르는 것이 사실은 절반 이상이 글로벌 기업의 다양한 자회사들간에 이루어지는 거래라는 것이다. 내가 보기에 기업들이 각국의 영토와 그들의 관계에 대해 가지고 있는 개념의 변화에 대한 최고의 지침은 없다.

글로벌 기업에는 국적이 없다는 말인가? 글로벌 기업은 정말로 세계적인 것인가?

방금 내가 한 묘사는 단순화한 것이다. 하지만 실제로 그런 기업은 이제는 정말로 국적이 없게 될지도 모른다. 왜냐하면 글로벌 기업의 활동들을 이런 식으로 전세계로 분배하게 되면, 그 기업의 경영진들 자신이 다양한 나라 출신들로 이루어지는 결과가 생길 것이기 때문이다. 우리는 또 이런 기업은 세계 전역에서 자금을 거두어들일 것이고, 이 기업의 주주 대다수가 어떤 특정 영토의 시민들로 구성되는 현상도 이제는 사라질 거라는 걸 상상할 수 있다. 자본금이 전세계로 할당되고, 경영진도 전세계 국적으로 구성되고, 전세계에서 물건을 생산하고 파는 기업은 사실 더 이상 국적이 없게 될 것이다. 이것은 수많은 기업이 지향하는 하나의 이상적인 형태인데, 다만 그 과정에서 전진하는 속도가 다를 뿐이다.

실제로 만일 당신이 이런 이상형과 일치하는 글로벌 기업이 실제로 존재하는지 살펴보면 거의 발견하지 못할 것이다. 사람들은 대개 네슬레나 ABB(기계 회사)를 인용한다. 충분히 예측할 수 있는 일이지만 두 경우는 작은 나라의 국영 기업들이다. 네슬레는 스위스 기업이고, ABB는 스위스와 스웨덴의 합작 기업이다. 본적을 둔 나라가 아주 작은 나라이기 때문에 이 기업들은 글로벌라이제이션 과정에 가장 먼저 뛰어들었고, 그 결과 오늘날 일체의 국가적 특성을 잃어버렸다. 그외 다른 기업들은 어떤 국가적 색채를 간직하고 있는데 그것은 활동들, 그 중에서도 특히 기업의 핵심 활동들, 회사의 경쟁력을 좌우하는 활동들이 여전히 본적을 둔 국가의 영토에 남아 있기 때문이거나, 고위 간부들 대부분이 한 나라 출신이기 때문이다.

하지만 중요한 건 그게 아니다. 설령 기업들이 우리가 정의한 바와 같이 국가적 색채를 간직하고 있다 해도 그들이 이제부터는 하나의 논리, 즉 하나의 새로운 작업을 개발할 때마다 이 작업을 개발하기에 어떤 지역이 가장 좋은지 알아보고, 이 질문에 대한 답이 나온 다음에야 이 작업의 위치를 정하는 논리를 갖게 됐을 때, 하나의 기업이 하나의 국적을 갖고 있다는 것이 사실 무슨 의미가 있을까? 글로벌라이제이션으로 가는 길에 있는 기업들은 비록 완성된 형태와는 아직 거리가 있어도, 그들 고유의 이윤이 더 이상 본적을 둔 국가의 이윤과 일치하지 않는다는 의미에서 특정 국가의 성격을 띠고 있지 않다.

그런 상황에서 설령 당신이 불가피한 추세에 대해 말하고 싶지 않다 해도 어쨌든 이런 질문은 던져 봐야 하지 않겠나? 글로벌라이제이션은 무시할 수 없는 것인가?

국가들이 상품과 자본의 유통을 점차 자유롭게 하기로 결정한 그 순간부터——왜냐하면 이것을 결정하는 것이 국가이기 때문이다——새로운 경제역학이 자리잡았다. 경제 관계자들은 이런 식으로 새로운 규칙이 제공한 기회를 포착했다. 이 모든 행위의 결합, 상호 작용이 경제의 역동성을 낳았고, 국가의 개입이 다시 전면적으로 수정되는 일은 없을 테니까 그것은 그들 자신의 논리를 좇아 연장되고 확대될 것이다. 오직 이런 의미에서 글로벌라이제이션의 움직임은 불가피하다. 국가의 개입을 수정하는 것은 언제나 가능하다. 하지만 오늘날 게임의 법칙을 심각하게 변경하는 것은 자본 혹은 상품, 또는 두 가지 다의 유통의 자유를 거꾸로 되돌리는 것을 의미할 수도 있음을 잊지 말아야 한다.

　당신은 지금 보호무역주의의 망령을 휘두르고 있다. 하지만 후천적으로 획득한 이런 경제적 자유는 사회적 불평등의 악화라는 방향에서만 영향을 미치지는 않을까? 왜냐하면 당신이 묘사한 대로라면 글로벌라이제이션은 사실 오늘날 세계의 불평등을 이용하고 있기 때문이다. 그것은 우리가 다른 영토가 아닌 그 영토를 선택함으로써 불평등이 작용하게 만들고 있기 때문이다. 그리고 불평등이 작용하게 만듦으로써 그것을 더 심화시킬 우려는 없을까?

　만일 당신이 자본주의 국가 기업들의 목표가 이윤이라는 것을 모른다면 경제학에 관해 뭔가를 알려고 노력하지 않는 편이 낫다. 따라서 기업들은 사실 오늘날 찾아볼 수 있는 세계의 불평등을 이용한다. 이를테면 노동 집약적 활동은 저임금 지역에 배치하는 식이다. 하지만 이것이 결국 불평등을 증대시키는 결과를 가져오는지, 그리고 그것이 어떤 불평등인지를 아는 것은 또 다른 문제이며, 그 대답은 간단하지 않다. 우리가 확인할 수 있는 것은 대부분의 나라들 안에서 부자와 빈자들간의 불평등은 증가하고, 나라들간의 평균적인 부의 격차는 감소한다는 것이다. 오늘날 전체적으로 볼 때 많은 사람들이 그들보다 먼저 부자가 된 나라들의 평균적인 부의 수준을 아주 빨리 따라잡고 있다. 이런 관점에서 세계 전체의 경제 상황은 우수하다고 주장할 수 있다.

당신의 견해에 따르면 불평등의 이런 이중적 움직임, 즉 국가간 불평등의 감소와 내부 불평등의 증가는 글로벌라이제이션 때문이다. 그런데 세계의 불평등의 증가를 설명할 수 있는 또 다른 요인이 있으니 기술의 발전, 다른 표현으로 하면 제3의 산업 혁명, 즉 정보과학과 통신의 혁명이 그것이다.

그것은 아주 중요한 문제이다. 왜냐하면 만일 우리가 내부적 불평등의 증가에 대항하고 싶다면——반드시 그래야만 하는 것은 아니다. 사실 이것은 하나의 정치적 선택이다——무엇보다도 먼저 그것의 기원이 무엇인가를 잘 이해해야 하기 때문이다. 그런데 이 문제에 관해 경제학자들의 의견은 각자 다르다. 요컨대 잘사는 나라들 내부의 불평등 증가의 기원이 글로벌라이제이션이 아닌 기술의 발전에 있다고 보는 주장이 전문적인 경제학자들의 지배적인 견해이다. 이 견해는 이를테면 프랑스에서는 다니엘 코엥의 최근 저서《부유한 세상, 가난한 국가들》을 통해 설명됐다. 그리고 미국에서 이 주장을 옹호하는 사람들 가운데 가장 뛰어난 이들 중 하나인 폴 크루그먼의 에세이 시리즈가《세계화는 죄가 없다》라는 상당히 상징적인 제목으로 최근 프랑스어로 번역됐다. 나는 그 견해에 동의하지 않는다. 나는 잘사는 나라들 내의 불평등의 증가를 설명하기 위해 기술의 발전을 내세우는 것은, 럭비 용어로 치면 '터치라인 밖으로 차내는' 짓이라고 생각한다. 다시 말해 잘사는 나라들 내부에서 불평등이 증가하는 구조를 설명해야 하는 과업을 조금 쉬운 방법으로 면하는 행위인 것이다. 이것은 상당히 까다로운 토론이다. 내가 한 번 문제의 핵심을 설명해 보겠다.

　무엇보다도 먼저 글로벌라이제이션과 기술의 발전을 분리하는 것은 두 가지 이유에서 불가능하다. 첫째로 글로벌라이제이션은 상품·자본, 그리고 코드화된 정보의 유동성 증가에 의해 발생한다고 했다. 그런데 이 유동성의 증가에는 분명 정치적 차원뿐 아니라 기술적 차원도 있다. 나는 국경을 개방한 국가들의 역할을 강조했다. 하지만 상품의 운반 비용이 뚝 떨어지지 않았다면, 데이터의 통신 수단이 기술의 발전에 의해 증가하지 않았다면 국경 개방은 이와 같은 결과를 가져오지 못했을지 모른다. 둘째로 기술의 발전은 공공 과학 연구 결과를 활용하지만, 이것은 기업 자체 내에서 상당히 폭넓게 실시된다. 그런데 기업들이 생산 기술을 개선하기 위해 혹은 신제품을 창안하기 위해 연구할 때, 이 연구는 이 기업들이 감내하는 경쟁 형태에 의해 그 방향이 정해진다. 간단히 말하면 임금 비용이 동일한 한 지역에서만 경쟁하는 기업들이, 임금 비용이 그보다 훨씬 낮은 다른 지역의 다른 기업들과 경쟁하는 기업들과 똑같은 연구를 하지는 않을 것이다. 후자의 경우, 기업들은 비용을 낮춰 줄 수 있는 혁신적인 것들을 찾기 위해 강도 높은 노력을 할 것이다. 왜냐하면 기업들은 비용 때문에 경쟁에서 지기 때문이다. 반면 전자의 경우에는 비용이 같기 때문에 기업들은 제품의 품질이나 매력을 개선시킴으로써 다른 기업들과 차별화하려고 노력할 것이다. 그러니까 기술 발전의 방향 자체는 기업들이 어떤 형태의 경쟁을 받아들이느냐에 달린 것이다.

경쟁률 높은 일자리를 가진
근로자들은 글로벌 경쟁의
피해자가 될 수도 있다.

그러니까 글로벌라이제이션이 해고의 원인이란 말인가?

그렇다. 모든 유목민적 활동에서 그것이 해고를 가속화한 것은 부인할 수 없다. 글로벌라이제이션이 아주 판이한 지역들에 자리잡은 기업들을 경쟁하도록 만든 그 순간부터, 이 기업들은 모두 하루 빨리 그들 가운데 가장 나은 기업들의 생산성에 발을 맞추지 않을 수 없다. 만일 어떤 기업의 생산성 지연이 불충분한 노동 생산성에서 온 것이라면 그 기업은 대량 해고에 들어갈 것이다. 이것은 **다운사이징**(기구 축소), **리엔지니어링**(업무 재구축) 같은 최근의 경향, 그리고 **주주 평가**의 강박관념이, 모든 지역의 모든 기업이 그의 주주들을 위해 가장 생산성 높고 가장 수익성 좋은 규격 위에 정렬해야 하는 필요성에 의한 것이지 그밖의 다른 이유는 없다.

그리고 기술의 발전은 무죄를 주장할 수 있는가?

앨프레드 소비는 말했다. "기술의 발전이 일자리를 파괴한다고 비난하지 말라. 기술의 발전은 일자리를 위해 존재하는 것이다." 진짜 경제학적인 질문들이란 이런 것이다. 왜 우리는 이런 유형의 일자리를 이런 속도로 이런 유형의 지역에서 파괴하는 이런 유형의 기술 발전을 이룩했나? 왜 이런 유형의 지역에서 새로운 일자리의 창출 속도는 충분치 않은가? 또는 왜 그것은 불평등의 증가를 동반하는가? 이런 상황에서는 기업의 창의성 자체에서, 기업의 방향 결정에서, 기업의 확산에서 기술 발전의 방향이 경쟁의 형태, 그러니까 오늘날 글로벌라이제이션이라고 부르는 것에 의해 결정적으로 정해진다는 것은 모르는 척하면서 기술의 발전이 불평등의 첫번째 조건이고 근본적인 이유라고 주장하는 것, 그것은 내가 '터치라인 밖으로 차내기'라고 부르는 행위이다. 다시 말해 하나의 설명을 찾았지만 설명은 그것 말고도 많은 것이다. 사실 영광의 30년 동안 지금보다 훨씬 더 힘찼던 기술의 발전이 일자리와 불평등 문제에 전혀 다른 특성과 전혀 다른 결과를 가져왔는데, 왜 오늘날 기술의 발전은 이렇게 흘러왔고 우리가 확인한 것과 같은 결과를 가져왔을까? 그런 것이 올바른 질문이다. 나는 글로벌라이제이션, 그리고 그것이 초래한 가격에 의한 경쟁의 강화가 하나의 설명이 될 수 있다고 생각한다.

그 점에 관해서는 나도 당신의 의견에 대찬성이다. 기술의 발전에 자립적인 발달은 없다. 그렇다면 당신이 앞에서 묘사한 것처럼 글로벌라이제이션 자체가 내부적 불평등의 원인이란 말인가?

어떤 상황에서는 실제로 글로벌라이제이션 과정이 잘사는 나라들 내부의 불평등 증가를 유발하기도 한다. 이러한 구조의 요점을 간추려 보겠다. 그것을 이해하려면 우선 내가 '경쟁률 높은 일자리'라고 부르는 것과 '보호받는 일자리'라고 부르는 것을 구별해야 한다. 그리고 내가 보기에 요즈음 그것이 기본적인 일인 것 같다. 경쟁률 높은 일자리란 한 지역 안에 있으면서 다른 지역들에 위치하는 일자리들과 경쟁해야 하는 것들을 가리킨다. 만일 그것이 한 지역 안에 계속 머무른다면 그것은 다른 지역들에 위치하는 경쟁률 높은 일자리들과의 경쟁을 참고 견딜 수 있다는 말이 되고, 만일 그렇지 못하다면 그것들은 최초의 지역에서는 사라지고 다른 지역들에서 발달할 것이다. 보호받는 일자리들은 한 지역 안에 있으면서 동일 지역에 위치하는 일자리들하고만 경쟁하는, 그것도 경우에 따라서는 아주 치열하게 경쟁하는 것들을 가리킨다. 따라서 같은 지역 안에 경쟁률 높은 일자리들과 보호받는 일자리들이 함께 존재한다. 더군다나 분야에 따라 생산성 향상 정도가 다르고 수요가 변하기 때문에, 모든 지역에는 일자리를 파괴하려는 과정과 일자리를 창출하려는 과정이 언제나 동시에 존재한다. 만일 이 두 가지 움직임이 균형을 이루면 실업은 없다. 그런데 우리가 보았다시피 잘사는 나라에서 글로벌라이제이션의 첫번째 결과는 무엇보다도 먼저 경쟁률 높은 일자리들의 파괴 속도를 **가속화**시키는 것이다.

그렇다. 하지만 글로벌라이제이션은 또한 다른 일자리들을 창출하기도 한다. 왜냐하면 글로벌라이제이션을 고무하는 생산성의 향상이 가격을 떨어뜨리고, 따라서 수요를 증가시키기 때문이다.

사실이다. 그리고 문제는 바로 이것이다. 하나의 정해진 지역에서 경쟁력 높은 새로운 일자리의 창출이 일자리 파괴의 움직임을 상쇄할 정도로 **빠른가**? 그런데 파괴의 움직임 자체도 글로벌라이제이션 때문에 가속화된 것이 사실이다. 만일 그렇다면 아무 문제도 없고 실업도 없고 불평등 증가도 없다. 그렇지 않다면 분명히 경쟁률 높은 일자리들이 파괴되고 있는 것이다. 이 경우 실업의 증가를 막으려면 경쟁률 높은 분야에서 '쫓겨난' 임금노동자들이 보호받는 분야, 다시 말해 국제간의 경쟁에 예속되지 않는 부와 용역을 생산하는 분야에서 일자리를 찾아야 한다.

▌그것이 미국에서 나타난 현상이 아닌가? 하지만 그것이 **가난한 근로자들** 현상, 즉 모든 사람이 일을 하지만 어떤 이들은 박봉을 받는 현상을 초래하지는 않나?

실제로 미국에서, 이를테면 글로벌 경쟁에 놓여 있는 분야인 공장 산업은 엄청나게 많은 일자리를 잃어버렸다. 이 일자리들은 주변에서 쉽게 찾을 수 있는 용역, 특히 가사 용역에 속하는 일자리들에 의해 대체됐다. 그리고 그것들은 보호받는 일자리들이다. 하지만 이 분야가 실업의 증가를 막기 위해 보호받는 일자리들을 충분히 창출하려면, 이 용역에 대한 수요가 빠른 속도로 증가해야만 했다. 이를 위해서는 이 용역의 가격이 지속적으로 내려가야 했고, 보호받는 분야의 임금은 경쟁률 높은 분야의 임금에 비해 낮아져야 했다. 이같은 경우에는 실업은 없지만, 경쟁률 높은 근로자로 남아 있는 사람들과 보호받는 분야에 '재취직'——감히 이런 표현을 쓰자면——해야만 했던 많은 사람들간의 불평등은 증가한다. 요컨대 80년대와 90년대초, 미국은 물론이고 영국도 유럽 대륙이 경험한 것과 같은 폭발적 실업은 겪지 않았다. 하지만 임금 불평등의 격차는 훨씬 더 심하게 벌어졌다.

그리고 가난한 근로자들의 현상도 나타났다. 나는 방금 내가 묘사한 과정이 피할 수 없는 것은 아니라는 점을 강조하고 싶다. 만일 한 지역에서 경제와 관련된 일을 하는 당사자들이 경쟁률 높은 일자리를 충분히 창출할 만큼 항상 역동적이라면, 실업이나 불평등의 증가 현상은 발생하지 않는다는 사실을 강조하는 바이다.

■ 당신이 비관주의자가 아니라니까 하는 말인데, 그런 과정은 돌이킬 수 없는 것이 아니란 말인가?

이론상으론 그렇다. 하지만 글로벌라이제이션의 강화, 글로벌 경쟁 게임에 진입하는 새로운 지역들의 국제 무대 등장을 고려할 때, 새로운 일자리의 창출로 경쟁률 높은 일자리의 파괴를 상쇄하는 데 성공한 잘사는 나라들은 지금도 앞으로도 거의 없을 것으로 염려된다. 아니면 그 중 일부는 일정 기간 동안 성공했다가 곧이어 실패할 것이다. 또는 그 반대일 것이다. 일례로 미국 지역은 4,5년 전부터 정보과학 기술 분야의 상대적인 우위 덕에 상당수의 경쟁률 높은 새 일자리를 창출하여 지난 20년간의 불평등 증가 움직임을 중단(전복시킬 정도는 아니었다!)시키는 데 성공한 듯하다. 하지만 전체적인 관점에서 보면 결과는 여전히 불평등이 전반적으로 증가한 것으로 나타나고 있다. 그것은 대부분의 잘사는 나라들에서 목격되는 바이다. 그리고 이러한 움직임은 십중팔구 앞으로도 계속될 것으로 짐작된다.

당신에게 경쟁률 높은이란 말은 자격을 갖춘이란 말의 동의어가 절대 아니다. 이것은 기술 발전의 역할에 대한 견해 차이 이전에 당신이 다니엘 코엥과 대립하는 점이기도 하다. 일자리를 잃는 일은 무자격자들에게만 영향을 미치는 것은 아니다.

그것은 다니엘 코엥뿐 아니라 다른 많은 사람들과도 대립하는 점이다! 내가 제시하는 경쟁률 높은 일자리-보호받는 일자리의 구분은 자격을 요하는 일자리와 자격을 요하지 않는 일자리의 구별을 완전히 커버하지는 못한다. 경쟁률 높은 일자리의 근로자들 중에는 고도의 자격을 갖춘 근로자도 있지만 단순 근로자도 있다. 왜냐하면 경쟁률 높은 일자리의 근로자란 말의 정의가 다음과 같기 때문이다. 생산에 기여하는 것으로 인해 다른 지역에 위치하는 다른 사람들과 경쟁하는 사람, 그리고 따라서 만일 그의 경쟁력이 다른 지역의 그 사람들에 비해 떨어지면 일자리를 상실할 수 있는 사람. 이것이 기업의 경영진부터 부품 조립 라인에서 일하는 기사까지 모두 해당되는 것은 분명하다. 마찬가지로 보호받는 근로자들 중에는 있을 수 있는 모든 자격이 존재한다. 이것은 프랑스 헌법 전문가부터 피자 배달원까지 모두 해당된다. 나는 이런 구분이 중요하다고 생각한다. 불평등의 증가를 설명한 분석들의 대다수는 자격을 요하는 노동과 자격을 요하지 않는 노동의 구분에 근거를 두고, 글로벌라이제이션에 의해 타격을 받은 사람들은 주로 자격을 갖추지 못한 고용인들이라는 결론을 내리고 있다. 이것은 완전히 틀린 분석이다. 높은 자격이 요구되는 경쟁률 높은 일자리를 가진 근로자들도 글로벌 경쟁의 희생자가 될 수도 있다. 자격을 요하는 일자리의 근로자와 자격을 요하지 않는 일자리의 근로자로 구분하는 것보다, 오히려 경쟁률 높은 일자리의 근로자와 보호받는 일자리의 근로자로 구분하는 것이 중요한 두번째 이유는 그래야만 누구와 누구 사이에서 불평등이 증가하는지를 더 잘 이해할 수 있기 때문이다. 미국의 상황에 대한 깊이 있는 연구들은 국제 경쟁에 예속된 분야들——이 경우 그들이 살아남았을 때 높은 보수를 받는 일자리를 유지한다——과 보호받는 분야들——국제 경쟁을 겪었고 임금을 낮추는 조건에서만 이 노동력을 고용할 수 있는—— 간에 임금의 간격이 벌어진다는 것을 아주 분명하게 보여 준다. 사실 이번에는 각각의 분야 내에서 가장 자격을 요하는 일자리와 가장 자격을 요하지 않는 일자리간의 격차의 증가도 발견된다. 이것이 두번째 움직임으로, 이는 모든 지역 안에는 단일한 노동 시장이 있다는 사실에 의해 더 쉽게 설명된다. 보호받는 분야의 평균 임금이 내려간다고 했을 때, 그것이 하필이면 이 분야에서 가장 자격을 요하지 않는 분야의 근로자들 임금인 것이 사실이다. 그리고 물론 이것은 경쟁률 높은 분야 내에서까지도 별로 자격을 요하지 않는 근로자들의 임금을 삭감하라는 압력을 행사한다. 하지만 내가 보기에 이것은 부차적인 현상이다.

보호받는 분야의 근로자들의 임금 인하는 경쟁률 높은 분야의 근로자들이 일자리를 잃었기 때문에 나타난 결과이다. 그러니까 모든 사람, 심지어 보호받는 분야의 근로자들까지도 이 글로벌라이제이션의 영향을 받는다는 말인가?

그렇다. 하지만 보호받는 분야의 근로자들은 간접적으로만 글로벌라이제이션의 영향을 받는다. 그리고 '그들의' 경쟁자들, 그들의 지역에 있는 자들이 충분히 경쟁력을 갖추고 있지 못할 때에만 그 영향을 받는다.

하지만 잘사는 나라들 안에서 불평등이 증가하는 이런 상황에서 덮어 놓고 저임금 국가들의 경쟁을 비난할 수는 없지 않은가?

내가 방금 묘사한 대로 불평등이 강화되는 과정에서 저임금 국가들의 경쟁은 어떤 역할을 할까? 이건 거의 직감적인 단순 논리와 대다수의 경제학자들의 분석이 대립하는, 대단히 논란의 소지가 많은 주제이기도 하다. 직감적인 아이디어란 이런 것이다. 프랑스의 노동자와 상해의 중국 노동자가 동일한 상품을 생산하는 순간부터, 만일 프랑스의 노동자가 기계 장치로 된 그의 공장의 뛰어난 설비 덕에, 혹은 제조 과정에서 습득한 상당한 집단 경험 덕에 중국의 노동자보다 두 배 더 생산성이 높다 해도 프랑스 노동자의 회사에 드는 전체 경비가 중국 노동자의 회사에 드는 전체 경비보다 두 배 이상 많을 수는 없다. 만일 두 배 이상 많이 든다면 중국 공장은 프랑스 공장보다 싼 경비로 제품을 생산하는 것이다. 세금을 포함하여 상해의 급료 비용과 프랑스의 급료 비용간의 비례 관계는 약 1 대 8이다. 그런데 수출을 위해 일하고 대개의 경우 서구의 기업들에 의해 시설이 갖춰진, 나아가 서구 기업들의 자회사인 경우가 많은 중국 공장들 내에서 노동자에 의한 생산은 확실히 프랑스에서보다 적다. 하지만 그래도 생산성의 비례는 1 대 2 또는 3이다. 따라서 중국에서 행해지는 생산에 드는 비용은 필연적으로 (프랑스보다) 싸다. 이 미시경제학적인 예에 의거한다면, 우리는 즉시 상품의 유통이 세계 노동 시장의 일종의 단일화를 실현하는 그때부터 생산성의 차이를 무시하고, 프랑스에서 일하는 노동자들의 임금뿐 아니라 감독관들, 나아가 엔지니어들의 임금을 제3세계 국가 노동자들의 임금 수준에 당연히 맞춰야 한다는 결론에 도달하게 된다. 생산성의 차이가 존재하기는 하지만 임금의 차이보다는 작기 때문에, 앞으로의 추세는 잘사는 나라들에서 임금을 인하하는 방향으로 흐를 것이다.

문제는 이러한 현상의 현실적인 중요성이 얼마나 큰지를 아는 것이다. 경제학자들간의 수많은 논쟁이 거기에 쏠리고 있다. 많은 학자들은 총체적으로 파악된 잘사는 나라들과 저임금 나라들 간의 무역이 잘사는 나라들의 대외 거래에서 제한된 부분을 차지하며, 잘사는 나라들은 사실 주로 자기들끼리 거래한다는 올바른 지적을 하고 있다. 그 결과 그들은 저임금 국가들의 경쟁이 잘사는 나라들 내부의 불평등의 증가에 미치는 영향은 거의 무시해도 좋을 정도라는 주장을 내리고 있다. 나로서는 **지금까지는** 사실 잘사는 나라들 내부의 불평등의 증가에서 저임금 국가들의 경쟁이 차지하는 특별한 역할은 상대적으로 제한되어 있다고 평가하고 있다. 잘사는 나라들 내부의 불평등 증가는 무엇보다도 먼저 잘사는 나라들**끼리**의 경쟁의 강화에서 온다. 하지만 나는 또 대부분의 논문들에서 저임금 국가들의 경쟁이 차지하는 특별한 역할을 측정한 방식이 너무나 불만스럽다는 것도 말하고 싶다.

■ 지나치게 정태적(靜態的)이라는 얘기인가?

그렇다. 우리는 저임금 나라들에서 생산된 제품들이 잘사는 나라들의 시장에 실질적으로 침투하는 것을 보고 경쟁을 측정하는 데 만족하고 있다. 이때 우리는 중요한 뭔가를 잊고 있다. 비록 저임금 나라들이 잘사는 나라들 영토로 수출하는 일이 제한된 것이긴 해도, 그것은 가격 인하 압력을 행사하여 잘사는 나라의 기업들이 생산성의 향상 혹은 임금의 삭감에 반영시키지 않을 수 없게 만든다. 그래도 남반구와 동구의 저렴한 제품들이 마구 들어오지는 않을 것이다. 따라서 저임금 국가들의 경쟁의 중요성을 측정하고자 하는 모든 논문은──비록 그것이 특히 어려운 작업이라는 것을 인정한다고 해도──이 나라들의 **잠재적** 경쟁, 즉 그것이 잘사는 나라의 기업들에게 강요하는 가격 인하와 생산성 분발 효과를 고려해야 한다. 만일 그렇지 못하다면 그것은 현상을 지나치게 과소 평가한 것이다. 요컨대 잘사는 나라들끼리의 경쟁에 비해 저임금 나라들의 경쟁은 현재까지 불평등, 또는 실업의 증가에 대한 제한된 역할만을 수행했다는 것을 인정하는 데 찬성한다. 하지만 그럼에도 불구하고 나는 현재 발표된 논문들의 대부분이 그것을 과소 평가하고 있다고 생각한다.

▌그런 상황에서 신흥 국가들의 아이들 일터의 터무니없이 낮은 임금에 반대하는 사회적 규율을 세계적 차원에서 제정하는 것이 정당하지 않겠는가?

신흥 국가들의 저임금은 그 나라들과 고임금 나라들간의 국제 무역이 존재하는 이유가 된다. 잘사는 나라들은 못사는 나라들보다 더 잘하는 법——즉 노동력을 덜 들이고——을 **아주** 잘 알고 있다는 것을 명심해야 한다. 따라서 이 나라들은 임금이 싸기 때문에 우리에게 상당수의 상품을 팔 수 있고, 그래서 우리는 글로벌하게 그 물건들을 그들로부터 사는 것이 득이 되는 것뿐이다. 아이들의 노동, 죄수들의 무상 노동, 노동을 해야 하는 사람들의 목숨이나 건강을 심각하게 위태롭게 하는 노동 조건들 같은 극단적인 상황들의 문제는 전혀 다르다. 오늘날 불행히도 중국 혹은 다른 곳, 인도 혹은 필리핀 등지에 그런 문제가 존재한다. 하지만 그의 프랑스 동료의 경쟁력, 따라서 일자리까지도 잃게 할 염려가 있다는 의미에서 정말로 경쟁하는 중국의 노동자가 반드시 아이인 것은 아니다. 아니, 대개는 아이가 아니라고까지 나는 말하고 싶다. 이를테면 상해에 있는 유럽 혹은 미국 회사의 한 지사에서 근무하며 중국의 다른 임금생활자나 농부들에 비해 아주 넉넉한 보수를 받는 노동자가 있다. 상해 노동자들의 임금 수준은 중국 농부들의 평균 소득보다 네 배에서 다섯 배까지 높다. 게다가 그는 사회보장까지 누리고 있는데, 그것은 오늘날 프랑스의 노동자가 같은 생활 수준에 있을 때 누리는 사회보장의 수준보다 훨씬 더 높다. 분명히 짚고 넘어가야 할 것이 있

지금껏 저임금 국가들의
경쟁은 불평등의 증가에
제한된 역할만을 수행해 왔다.

으니, 그것은 이 모든 것이 중국 사회주의의 유산이라는 점이다. 상해의 한 고용주에게 노동자의 임금에 지불되는 사회보장 부담액은 임금의 절반 정도이다. 중요한 것은 이것이 프랑스의 고용주가 지불하는 금액과 거의 맞먹고, 미국의 고용주가 지불하는 금액보다는 많다는 것이다. 그래서 이 노동자는 상당히 경쟁률 높은 경쟁자이다. 그러므로 현대적 형태의 노예 제도를 폐지하기 위해 우리가 할 수 있는 모든 것을 하되, 그것이 신흥 국가들의 경쟁력을 눈에 띄게 감소시키기를 기대하지는 말자.

당신은 신흥 국가들을 언급할 때 그 예로 중국과 인도를 든다. 하지만 지금까지 우리는 이 단어를 가지고 아시아의 '용들,' 신생공업국들(NPI)을 가리켜 왔다. 당신은 이 NPI들과 당신이 PBSCT(기술력을 갖춘 저임금 국가들)라고 부르는 나라들을 전혀 다른 것으로 구별하고 있다. 그들은 어떤 점에서 이 정도로 다른가?

내가 **지금까지** 저임금 국가들의 경쟁이 잘사는 나라들 내부의 불평등 증가에서 제한된 역할만을 해왔다고 말한 것은, 사실 앞으로 20년 혹은 30년 후에는 사정이 같지 않을 거라고 생각하기 때문이다. 실제로 사회주의 국가들의 붕괴——왜냐하면 자본주의 **국가들**이 있다고 생각한다면 사회주의 **국가들**도 있어야 하기 때문이다——와 함께 한국과 같은 아시아의 용들과는 전혀 다른 특성들을 나타내는 지역들이 세계적 경쟁 속으로 진입했다. 그런 나라들로는 중국, 동유럽 국가들, 인도(인도는 매우 폭넓은 국가

관리 경제 제도를 가졌던 것으로 간주할 수 있다), 그리고 소련의 분열로 생겨난 나라들이 있고, 거기에 용들과는 상당히 다른 노정을 겪은 브라질 같은 나라들을 추가해야 할 것이다. 왜냐하면 이들은 30년대부터 공업화되기 시작한 나라들이기 때문이다. 이 나라들은 우선 최초의 신흥 국가들과는 비교할 수 없을 정도로 인구가 많다. 두번째, 그리고 특히 그 나라들 가운데 전에 사회주의였던 나라들은 일정 수준의 공업과 기술의 발전, 일정 수준의 산업 인력 양성, 그리고 때로는 이를테면 60년대에 경제 회복을 시작할 당시 한국의 발전 수준과는 비교가 되지 않을 정도의 용역 인력 양성까지도 이미 이룩해 놓았다. 따라서 그들은 극도로 빠른 속도로 서구의 기술과 조직 방법을 흡수할 수 있다. 노동 기술과 방법을 함께 가져온 서구 국가들의 대외 투자 덕에 이 나라들의 경쟁률 높은 노동자들, 즉 수출 가능한 재화를 만드는 사람들은 매우 빨리 높은 경쟁률을 갖게 되지만, 그들의 임금은 덩치 큰 시골 산업 분야와 생산성 취약한 도시의 비정형 분야에 의해 발목이 잡혀 오르지를 못하고 있다. 그래서 나는 PBSCT(중국, 동유럽 국가들, 재편성된 뒤의 러시아, 인도 등)들이 국제 무대에 등장함으로써 잘사는 나라들에게 내민 도전이 동남아시아의 작은 용들이 던졌던 경쟁적 도전을 훨씬 능가하는 규모가 될 것으로 확신하는 바이다.

그런 상황에서 이 나라들은 대대적인 탈공업화로 가도록 우리를 위협하고 있지는 않은지?

그렇지 않다. 그런 것은 위협이 아니다. 왜냐하면 중국 같은 나라들이 잘사는 나라들에 대한 수출을 늘림에 따라 중국에 대한 잘사는 나라들의 수출 또한 늘어날 것이기 때문이다. 중국이 우리에게 더 많이 팔수록 우리도 중국에게 더 많이 팔 것이다. 문제는 우리가 중국에게 팔 재화와 용역이 점점 더 질 좋고 복잡해질 것이고, 따라서 점점 더 비싸지고 노동자는 점점 덜 필요로 할 것이고, 대신 그 노동자들은 점점 더 높은 임금을 받게 될 거라는 점이다. 반면 중국산 수입품들은 잘사는 나라들의 영토에서 그보다 훨씬 더 많은 노동력을 고용하던 제품들을 대체할 것이다. 그리고 그때 하나의 노동력은 평균적으로 더 적은 임금을 받았다. 따라서 설사 두 개의 국가 그룹간의 교역이 균형잡혀 있고, 나아가 잘사는 나라들의 이득이 더 많다고 해도——그리고 그것은 계속될 것이다——이 교역의 발달은 잘사는 나라들에서 경쟁력 높은 일자리를 창출하기보다는 더 많이 파괴할 것이다. 여기서 우리가 위에서 설명한 메커니즘이 나온다. 즉 실업이 증가하든지 불평등의 증가와 함께 보호받는 분야 쪽으로 배출이 이루어지든지 하는 것이다. 따라서 침략도 문제가 아니고, 대대적인 탈공업화도 문제가 아니다. 문제는 이것이 공업화된 잘사는 나라들 내에서 점점 더 높은 임금을 받는 경쟁력 높은 한 집단과 수요, 보호받는 분야의 급료에 만족해야만 하는 대다수의 사람들간에 분극화를 증가시킬 현상이라는 데 있다.

당신은 신흥 국가들의 따라잡기 때문에 잘사는 나라들 내부의 불평등이 실질적으로 증가했다고 말하고 있다. 그렇다면 신흥 국가들의 불평등은 어찌된 일인가? 우리는 불평등의 보편적인 증가 쪽으로 가고 있지 않은가? 이미 중국에서도 실업률이 10퍼센트에 이른다고 하던데…….

신흥 국가들이 개입하고 있는 따라잡기 과정은 내부의 불평등의 증가도 동반한다. 현실적으로 이런 내부적 불평등의 증가는, 특히 사회주의 노선을 걸었던 나라들에서 두드러지게 나타난다. 사람들이 다른 면에 대해 어떻게 생각하건 사회주의 국가들에서는 노멘클라투라에 속하는 극소수의 특권층을 제외하고 다수의 국민 속에서는 어느 정도 경제적 평등이 지배하고 있었다. 그러므로 이런 상황에 비해 자본주의 국가의 발전은——왜냐하면 동유럽에서는 사회주의 체제의 붕괴 이후, 그리고 중국에서는 철저한 개혁 이후 이것이 중요해졌기 때문이다——분명 불평등의 증가를 낳는다. 이런 역사가 없는 나라들——나는 브라질을 염두에 두고 있다——에서 불평등 현상이 나타난 지는 아주 오래되었다. 그것은 계속 증가하고 있는 듯하지만 중국이나 러시아의 경우만큼 두드러지지는 않다. 실제로 정도는 다르지만 부분적으로 외향적인 이 나라의 성장 과정 자체가 잘사는 나라들과 똑같은 유형의 역동성을 낳고 있다. 경쟁률 높고 자격을 갖춘 노동자들이나 자본을 소지한 자들의 집단에게 소득이 집중되는 것(왜냐하면 그곳에서도 역시 노동 소득만 언급하면 안 되기 때문이다. 자본 소득도 도입해야 한다)과, 이 집단과 나머지 국민간의 격차가 증가하는 것이 그것이다.

그렇지만 나는 이 현상에도 치명적인 요소는 전혀 없다고 생각한다. 오늘날 모든 것이 그런 식으로 흘러가기 때문이다. 하지만 아시아의 위기에 관해 말할 때 우리가 이미 언급했듯이, 이 신흥 국가들은 그들의 국내 시장에 의해 초래된 성장 가능성을 갖고 있기 때문에 **결국** 대량 소비에 더 유리한, 아니면 적어도 형성 도중에 있는 중산층의 대량 소비에 더 유리한 소득 분배에 관여하는 정책들이 수출 분야의 성장에 기대를 거는 정책들만큼이나, 아니면 그보다 더 단호한 따라잡기 정책들로 확인될 수도 있다.

"나는 우리가 평등한 영토의 세상을 향해 나아가고 있다고 믿는다. 그것은 반가운 소식으로 나는 그것을 기뻐하고 있다." 한 강연에서 당신은 그렇게 말했다. 그 말은 당신이 어떤 다른 것보다 평등을 선호하며, 앞으로는 영토간의 평등 다음에 영토 내부의 평등이 나타날 거라는 뜻인가? 나는 그런 당신의 입장을 보편주의라고 부르고 싶은데.

사실 나는 유럽의 문명과 함께 수천 년의 역사를 가진 두 개의 위대한 문명, 즉 인도와 중국이 21세기중에 경제면에서 유럽과 그의 식민지들——그 중에는 미국도 있다——을 따라잡을 가능성이 아주 높다는 것에 기뻐하고 있다. 따라서 나는 21세기중에 세상이 다시 한 번, 18세기까지 그랬던 것처럼 영토들의 평균적 부가 비슷한 세상, 19세기에 서서히 골이 패기 시작했고 20세기에 한층 더 깊은 골이 팬 영토간의 커다란 격차가 사라지는 세상이 될 것을 기뻐하고 있다. 하지만 나는 잘사는 나라에서든 신흥 국가에서든 불평등이 증가하는 것은 기쁘지 않다. 왜냐하면 큰 신흥 국가들의 따라잡기 과정이 내부의 그런 불평등 증가는 유발하지 않으면서도, 그만큼 힘차고 그만큼 빠를 수 있을 거라고 생각하기 때문이다.

신흥 국가나 잘사는 나라에서나 똑같이 잘 운영된 다른 국가 정책들, 세계 경제에서 국가들간의 관계를 위해 설치된 또 다른 기구는 따라잡기 과정——이것은 절대적으로 추구되어야 한다——을 보호하면서도 내부의 불평등 증가와 같은 현재의 결과들을 경감시킬 수 있을 것이다. 우리는 마지막 장에서 이 문제를 다룰 것이다.

**좋다. 결국 글로벌라이제이션에서 누가 이기고 누가 지겠나?**

만일 글로벌라이제이션 안에 한편에는 소수의 승자로 인정되는 집단, 즉 글로벌 기업의 간부와 경영진 그리고 행복한 투기가들이 있고, 다른 한편에는 패자라고 할 수 있는 대다수의 사람들이 있다면 우리는 아직 의회 민주주의 체제에 있으므로 문제는 빨리 해결될 것이다. 패자들은 대대적으로 글로벌라이제이션을 조장하는 정책에 반대표를 던지거나, 아니면 글로벌라이제이션의 부정적 효과들을 상쇄해 줄 양도를 승자들에게 요구할 테고, 승자들은 이와 같이 대대적으로 표현된 보편적 의지를 따를 수밖에 없을 것이다. 만일 이런 식으로 진행되지 않는다면, 그것은 글로벌라이제이션이 잘사는 나라들 안에서 의회 민주주의의 기둥인 중간 계급을 글자 그대로 정신분열증적인 상황에 몰아넣고 있기 때문이다. 사실 글로벌라이제이션은 중간 계급의 모든, 아니면 거의 모든 구성원들에게 긍정적인 면과 부정적인 면을 동시에 갖고 있다. 중간 계급 내부에서는 긍정적인 면들이 부정적인 면들보다 더 즉각적으로 지각될 수 있고, 또 덜 불평등하게 분배된다. 이렇듯 저축가들인 중간 계급의 구성원들은 오늘날 그들의 저금이 한 지역에 묶여 있으면서 인플레이션에 의해 압박을 받았던 이전 기간보다 훨씬 더 많은 보상을 가져다 주는 것을 목격하고 있다. 그리고 그들은 그들의 은행, 연금 기금, 생명 보험 회사들에게 아주 높은 수익성을 요구한다. 물론 이런 금융 관계자들은 문제의 중간 계급을 고용하고 있는 기업들에게 호소하여 그들의 수익성을 세계 최고 수준에 맞추게 하고, 따라서 해고, 예산 삭감, 기본 직무 등에 몰두할 필요가 있는 것으로 확인되면 그것들을 강요한다. 그래서 이 해고는 이제부터 중간 계급에게도 영향을 끼친다. 두번째 유형의 정신분열증이 존재한다. 중간 계급에 속하고, 어느 정도 구매력을 갖고 있으면서 자식들에게 대형 유통 체인점에서 싼 가격으로 내놓은 6백99프랑짜리 산악자전거(이 가격에는 당연히 중국산밖에 없을 것이다)를 사주기를 거부할 사람이 어디 있으랴? 중국산 자전거를 사면 사이클 푸조 회사의 일자리가 줄어들지 모른다는 구실로 자전거를 사지 않을 사람이 누가 있으랴? 내가 보기엔 별로 없을 것 같다. 그들은 한쪽에는 저축가와 임금노동자, 다른 한쪽에는 소비자와 임금노동자로 양분되어 있다. 그리고 바로 그곳에 모든 어려움이 존재한다. 많은 이들은 글로벌라이제이션의 이점과 불리한 점들이 이렇듯 복잡하게 얽혀 있어서, 그것이 유발하는 논쟁들이 열띤 그리고 흔히 혼란스러운 특성을 띠며, 그것의 부정적 효과를 줄이기 위한 정책들을 채택하기 어렵다고 생각하고 있다.

▌중간 계급에 관한 얘기이다. 당신은 신흥 국가들에 관해서는 중간 계급 형성의 필요성을 언급하고 있는데, 그것은 단지 세계의 소비 부족 현상을 막기 위해서인가? 그리고 다른 쪽, 그러니까 잘사는 나라들에 관해서 당신은 정신분열증을 언급하고, 책을 통해서는 심지어 그들의 실종까지 경고하고 있다. 당신의 주장은 몇몇 질문들을 제기하고 있는데 우선 이것부터 묻겠다. 그것은 자본주의 국가들이 이상적인 역사적 진전을 할 것이며, 이런 진전은 자기 중심적 정책과 사회민주주의 정책에 의한 이행을 중심점으로 삼는다는 뜻인가? 신흥 국가들에서는 가능할지 모르지만 잘사는 나라들에서 이런 단계는 시대에 뒤떨어진 것이다. 세계화에 따르는 모든 문제들은 세계의 이 두 부분이 서로 다른 시기에 진전하는 현상으로부터 오는 것이 아닐까?

자본주의 국가들의 이상적인 진전이란 하나의 가치 체계와 비교해 볼 때에만 가능한데, 그 가치 체계는 당연히 경제 외적인 것이다. 만일 우리가 평등에 민감하다면 보다 더 바람직한 진전은 한편으로는 영토간의 불평등 감소, 다시 말해 신흥 국가들의 빠른 따라잡기를 가능케 해주고, 다른 한편으로는 그 결과로 이런 따라잡기의 움직임이 잘사는 나라들에서나 신흥 국가들에서

나 다같이 내부의 사회적 불평등의 격심한 증가를 수반하지 않게 해주는 일이 될 것이다. 내 생각에 이런 진전은 오로지 미국 따라잡기 단계에 있을 때의 서유럽 국가들과 일본이 겪었던 것과 본질적으로 흡사한 유형의 발전에 의해서만 획득할 수 있는 것이 확실하다. 이런 유형의 성장을 나는 자기 중심적인 사회민주주의적 성장이라고 불렀다. 우리는 거기서 하나의 역사적 실례를 접하게 되는데, 그것은 현재 잘사는 세상 쪽에만 관계되었지만 앞으로는 총체적 세상에 관한 성찰을 고취해야 할 것이다.

## 우리는 제대로 가고 있나?

그렇지 않다. 만일 지금 같은 추세로 나아간다면 가장 있을 법한 시나리오는 그와는 반대로 신흥 국가들의 성장이 잘사는 나라들의 소비에 의해 유래되는 시나리오로서, 그것이 이번엔 잘사는 나라들로 하여금 신흥 국가들에게 대량 수출하는 것을 가능케 해준다. 하지만 우리가 확인했듯이 이 중첩된 움직임은 잘사는 나라들에게는 경쟁률 높은 노동자들에게 소득이 집중되는 현상과, 경쟁률 높은 노동자와 보호받는 노동자간 소득의 평균적 격차의 증가, 따라서 사실은 중간 계급의 축소를 야기한다. 우리는 극단적인 경우, 경제 체제에 의해 고용할 수 없는 '쓸모없는' 존재가 된 상당수의 주민이 우리가 빵과 놀이를 공급해 줘야 하는 하층민이 될 가능성도 배제할 수 없다.

▌그러니까 카를 마르크스의 예언을 다시 만나게 되는 건
▌가?

　그렇다. 우리는 이 시나리오를 마르크스의 것이라고 부를 수
있다. 그것은 카를 마르크스에 의해 예측된 추세를 보여 주는 듯
하다. 집단의 빈곤화, 소비 저하, 자본의 과잉 축적, 그리고 자본
의 주기적 대량 파괴인 투기 거품 현상들이 그것이다. 결국 이번
에는 세계적 수준이지만 우리에겐 항상 넘을 수 없는 순간을 위
한 대안이 앞에 있다. 마르크스 혹은 케인스가 그것이다.

▌당신에게 가장 있을 법한 것으로 여겨지는 진전은, 그러
▌니까 잘사는 나라들에서 중간 계급이 축소되는 것이다. 이
중간 계급이란 누구를 말하는 것인가? 그것은 장 클로드 밀
네르가 《이상적인 급여》에서 실종할 것으로 예상한 유급 중
산 계급과 일치하나?

　아닌 게 아니라 중간 계급이란 당신이 언급한 그 훌륭한 저서
에서 장 클로드 밀네르가 정의한 대로 유급 중산 계급을 말한다.
유급 중산 계급은 20세기에 몇몇 나라에서 등장했고, 그후 소유
권을 가진 중산 계급으로 대체되어 21세기의 지배적인 얼굴로 신
흥 국가들에 남았다. 중간 계급의 축소는 단순히 유급 중산 계급
이 장 클로드 밀네르가 그들의 보너스라고 부른 것을 잃어버릴
거라는 점을 의미한다. 그는 보너스를 두 가지 형태로 구분했다.
화폐 형태의 보너스, 이는 즉 기본급, 사회의 '기초적인' 임금만

받을 권리가 있는 사람들보다 더 많이 버는 행위를 말한다. 그리고 시간 형태의 보너스는 유급 중산 계급이 기초적인 임금만을 벌지만 훨씬 적은 시간을 일에 할애하고, 따라서 한가한 시간을 갖는다는 사실로 표현된다. 이를테면 교사의 경우가 그렇다. 이 한가한 시간은 틈이나 짬이 아니다. 틈이나 짬은 노동력을 회복하는 데 필요한 시간만을 의미하지만 이 한가한 시간은 정말로 한가한 시간으로, 장 클로드 밀네르는 이것을 **오티움**(유유자적하는 시간)이라 불렀고 문화 · 정치에 할애될 수 있는 시간을 의미한다. 그러니까 다시 밀네르의 분류를 인용한다면 중간 계급의 축소는 보너스의 소멸을, 그리고 그의 분석을 조금 연장시키면 소유권을 가진 중산 계급의 재등장을 의미한다. 그들은 공장 · 토지를 직접 소유하는 대신에 주식을 소유하게 될 것이다.

장 클로드 밀네르는 자본주의 자체가 유급 중산 계급을 파괴할 것이다. 그리고 그것은 신흥 국가들을 비롯한 일부 나라들——그도 당신처럼 인도 · 중국 · 러시아를 인용했다——이 유급 중산 계급이 없어도 아주 잘 꾸려 나가는 자본주의 국가들이 존재한다는 것을 증명하는 순간부터 그렇게 될 것이다라고 말했다. 당신은 이런 나라들에서 중간 계급이 형성될 수 있고, 그와 동시에 잘사는 나라들에서 유급 중산 계급을 적어도 부분적으로는 구출할 수 있을지도 모른다고 가정함으로써 그의 분석에 반대하지 않았나?

장 클로드 밀네르의 가설은 사실 유급 중산 계급이 없는 자본주의 국가들, 특히 오늘날 신흥 국가들에서 전개되는 자본주의들은 잘사는 나라들의 유급 중산 계급을 파괴할 것이라는 주장이다. 왜냐하면 이 자본주의들은 더 경쟁적이고, 그들 나라의 유급 중산 계급의 출자를 뒷받침해 줄 수 없기 때문이다.

장 클로드 밀네르가 공개적으로 던진 질문은 이런 유형의 자본주의가 전세계에 보편화될 수 있는지, 또는 유급 중산 계급이 없는 신흥 국가들의 자본주의가 어떤 관점에서 보면, 임금을 받으면서 소비자 노릇을 하는 중산 계급이 아직도 잘사는 나라들에 존재하기 때문에 발달할 수 있지 않나 하는 점을 아는 것이다. 이것은 소비 부족 문제를 제기하는 또 다른 방식이다. 이 문제에 대한 하나의 해답은 내가 언급한 것, 즉 아직도 가난한 나라들에서 대중적 소비의 즐거움에 몰두하는 하나의 중간 계급이 등장하는 것이다. 하지만 이 해결책이 저절로 그 필요성을 인정받지는 못한다. 신흥 국가들과 잘사는 나라들에서 정부의 결정이라는 조직화된 전체만이 이런 일을 가능케 할 것이다. 그렇지 않으면 우리는 이보다 훨씬 더 어두운 변화를 겪게 될지도 모른다. 이를테면 우리는 소유권을 갖게 된 중산 계급이 그들 소득의 대부분을 저축하는 대신 사치스러운 소비에 몰두하고, 나아가 (정치적 목적으로) 다수의 서민 고객을 유지하는 행위(중산 계급이 그들에게 빵과 놀이를 제공할 것이다)가 될 특별한 형태의 소비에 몰두하게 되는 상황을 상상해 볼 수 있다. 우리는 또 부족한 소비가 호전적인 소비가 되는 상황도 상상해 볼 수 있다. 사실 중간 계급 없는 이런 유형의 자본주의의 미래는 무력 충돌들 속에서 다량의 막대한 무기의 주기적인 소비가 될 가능성이 농후하다.

따라서 이론상으로는 마르크스냐 케인스냐이지만, 마르크스의 시나리오는 그 자체가 세 가지 변형을 허용한다. 공황-마르크스(금융 위기 속에서 잉여분의 자본이 주기적으로 대량 파괴되는 것), 로마-마르크스(부자들이 평민 고객을 부양하는 것), 그리고 전쟁-마르크스(막대한 양의 무기를 주기적으로 소비하는 것), 이 세 가지는 물론 서로 배타적이지 않다.

어떤 가치 척도로 보면 재앙이라고 부를 수 있는 이런 시나리오를 피하기 위해 당신이 중간 계급과 같은 것이라고 말한 유급 중산 계급을 구해야 하는가?

장 클로드 밀네르의 범주 안에서 내 개인적인 대답을 표현하자면, 구출할 만한 가치가 있는 단 한 가지는 한 영토에서 다수의 개인이 **오티움**을 즐길 수 있는 가능성이다. 따라서 구출할 만한 가치가 있는 것은 중간 계급 자체가 아니라, 중간 계급의 상당수가 자유 시간이라는 형태의 보너스를 받아 문화와 정치에 몰두할 수 있어야 한다는 것이다. 오직 화폐 형태의 보너스를 받는 유급 중산 계급을 의미하는 중간 계급, 따라서 한편으로는 지겨운 노동에 몰두하고, 다른 한편으로는 이 노동을 보상해 주는, 돈이 많이 드는 여가 활동에 몰두하는, 요컨대 오직 소비만 하는 유급 중산 계급은 내가 보기엔 구출할 만한 가치가 없다.

하지만 소비를 구출하기 위해 중간 계급을 보호해야 하지 않나? 당신의 말을 이해할 수 없다.

경제 현상들에 대해 상대적인 접근 방식을 취해 보라. 그러면 이해할 수 있을 것이다. 소비 부족과 과잉 생산은 같은 문제의 두 얼굴이다. 우리는 소비자에게 더 소비할 수 있는 수단을 주거나 덜 생산함으로써, 이를테면 덜 일함으로써 이 문제를 해결할 수 있다. 내가 바람직하게 생각하는 것은 두번째 방법이다. 왜냐하면 그것이 문화와 정치에 시간을 내어줄 수 있기 때문이다. 하지만 신흥 국가들에서는 대다수의 사람들이 잘사는 나라들에 비해 물질적으로 뒤처진 것을 적어도 조금이라도 따라잡는 편을 우선 선호한다는 것을 나는 너무나 잘 알고 있다.

어떤 면에서 당신은 같은 시리즈의 저자 폴 비릴리오처럼 삶의 리듬——그는 이것을 수송이라고 했고, 당신은 소비라고 했다——을 보편적으로 지연시키고, 더 많은 시간을 도시에 할애할 것을 제안하고 있다.

그렇다고 그리스의 도시 국가로 돌아가기를 꿈꾸지는 말자! 지금껏 역사에서 진정한 정치는 길지만 좀처럼 보기 드문 기간 동안(아테네에서는 몇십 년, 혹은 로마 공화정 동안) 몇 명의 엘리트들에 의해, 혹은 짧은 기간 동안 다수에 의해서만(열월[프랑스 혁명력의 제 11월, 7월 20일부터 8월 18일에 해당. 로베스피에르가 실각, 체포된 때] 이전의 프랑스 혁명 때) 실천됐다. 나는 정치의 연속적이고 드문 특성에 관해서는 실뱅 라자뤼의 《이름의 인류학》을, 로마와 아테네에 관해서는 모즈 팽레의 《정치의 발명》을 참조하고 있다. 혁명적인 기간 동안에 집중된 짧은 대중 정치의 모습은 시대에 뒤진 듯하므로, 이제는 대중을 다루면서도 더 항구적인 정치 방법들을 찾아내는 일이 새로운 도전거리가 될 것이다. 이를 위해서는 아닌 게 아니라 각자 우리가 원하는 것에 관한 집단적 사고에 시간을 할애해야 한다.

■ 돈 대신 시간이라는 그 이득을 가지고 당신은 제러미 리프킨이 최근에 한 것처럼 어쨌든 잘사는 나라들에서는 '노동이 종말' 되었음을 통고하고 있는 것이 아닌가?

만일 노동의 종말 문제를 생각해 보고 싶다면 근본적으로 부족한 것, 즉 시간부터 추론해 봐야 한다. 그러니까 시간에 관한 경제학을 해야 한다. 이처럼 모든 재화 혹은 모든 상업적 용역은 두 개의 변수, 즉 그것을 생산하는 데 할애된 시간과 소비하는 데 할애된 시간에 의해 특징지어진다. 기술의 발달은 생산에 드는 시간을, 혹은 소비에 드는 시간을, 혹은 둘 다를 줄이는 결과를 가져왔다. 따라서 두 가지 범주의 재화와 용역을 구분할 필요가 있다. 첫번째 범주는 생산 시간이 줄어드는 재화와 용역에 해당한다. 이것은 주로 물질적 재화, 그리고 교통과 같은 어떤 범주의 용역을 말한다. 비록 이 재화를 소비하는 데 든 시간 또한 줄어들지 몰라도(우리는 점점 더 자주 옷을 갈아입고, 교통은 점점 더 빨라진다), 우리는 이런 감소가 생산 시간의 감소보다 더 빨리 한계에 부딪히리라는 것을 상상할 수 있다. 두번째 범주에는 기술이 아무리 발전하건간에 그것들을 생산하는 데 든 시간과 소비하는 데 든 시간이 줄어들 수 없는 재화와 용역이 속한다. 이를테면 강의 형태로 행해지는 교육, 의학적 또는 법적 상담, 좋은 식당에서 먹는 한 끼의 식사 같은 것이 그에 해당된다. 각자가 소유한 시간은 한정되어 있으므로 욕구의 포화는 반드시 한 사람이 재화와 용역에 할애할 수 있는 시간의 제한으로부터 올 것이다. 이제 재화와 용역의 두 가지 범주를 구별했는데, 노동의 불가피한 종말을 예상한 사람들은 재화와 용역의 일부만을 고려하고 있기 때문에 그렇게 할 수 없다는 것이 명백해졌다. 기술 발전의 영향으로 생산 시간이 지속적으로 줄어들고 있는 재화와 용역이 그것이다. 만일 우리가 이런 재화와 용역만을 고려한다면, 내가 방금 언급한 수요에 대한 불가피한 포화를 고려할 때 인류는 이 범주의 재화와 용역에서 자신의 욕구를 만족시키기 위해 할애하는 시간이 점점 더 줄어들 것이 틀림없다. 하지만 만일 우리가 본질적으로 생산에 드는 시간과 소비에 드는 시간이 줄어들 수 없는 재화와 용역의 범주(용역이 주이다)를 잘 고려하고자 한다면, 문제는 제기되지 않을 것 역시 틀림없다. 우리는 이를테면 생산성을 증가시키는 물질적 재화와 용역의 범주를 생산하는 데 하루 평균 두 시간밖에 일하지 않고(잘사는 나라들에서는 이것이 아주 동떨어진 얘기가 아니다) 나머지 한가한 시간을 용역들을 바꾸는 데, 이를테면 수학과 철학 교육을 마사지나 정신분석 치료, 의학 상담이나 배관 수리를 쾌적한 작은 호텔에서 보내는 주말과 맞바꾸는 데 사용하는 어떤 사회를 상상해 볼 수 있다. 하지만 우리는 또한 생산적 노동에 드는 이 두 시간과, 그 제품을 소비하는 데 드는 시간에 상관 없이 물건의 어떠한 상업적 활동(생산이나 소비)에도 몰두하지 않을 수 있다. 왜냐하면 방금 내가 남아도는 것으로 인용한 모든 것을 고려하기 때문이다. 그러므로 인류가 재화와 상업적 용역을 생산하는 데 할애한 시간에 대한 유일한 규제는, 인류가 재화와 상업적 용역을 소비하는 데 할애하기를 원하는 시간이 될 것이다. 그리고 그것은 비상업적인 사회적 교류나 고독에 할애한 시간과는 반대되는 것이다.

당신은 인류의 미래에 관한 문제를 개인의 책임에 호소하고 있다. 이는 개인이 하나의 선택을 해야 할 입장이라는 뜻을 내포한다. 바보처럼 일하지 않는 것, 소비하는 동물이 되지 않는 것, 많은 젊은이들이 이런 꿈을 꾸지만 그들은 냉혹한 현실과 대면한다. 일하는 사람들은 점점 더 많이 일하고 있다.

그 말은 곧 이 분야에 개인적인 해결책이 없거나, 있어도 아주 드물다는 것을 의미한다. 개인적인 책임감, 그렇다. 하지만 문제의 선택 유형은 하나의 집단적인 선택이 될 수밖에 없다.

우리는 노동의 실종 대신 정도가 심한 변형을 목격하게 되지 않을까? 당신의 사고 방식에 따르면, 그와 함께 전통적인 유급 노동은 줄어들고 더 독립적이거나 더 불안정한 노동은 늘어날 것이다.

우리는 지금 영광의 30년 동안 우리가 경험한 것과 같은 임금제도, 마르크스의 표현을 빌리자면 완수된 노동 시간수를 비교적 엄격하게 규정한 상당히 한정된 계약의 틀 안에서 개인들이 그들의 노동력으로 회사에서 행한 판매 형태를 띠는 노동 관계의 점진적 실종을 향해 가고 있는 것일까? 이 분야에는 명백하게 변화가 있다. 우리 눈에는 그것의 기원이 뚜렷이 보인다. 글로벌라이제이션에 의해 증가한 기업간의 경쟁은 이제 그들로 하여금 노동을 그 어떤 중간적 소비로 다루도록, 따라서 노동을 긴박한 흐름 속에서 사용하도록 몰고 간다. 다시 말해 기업들이 필요로 할 때에만 그것을 사용하고 막연한 기간의 계약 형태로 그것을 사들이지 않는 것, 요컨대 노동력 대신 더 정확하게 노동의 산물을 사게 하는 것이다. 그로부터 자신의 노동력 대신 재화, 더 일반적으로는 용역 형태를 띠는 자신의 노동의 산물을 파는 독립적인 노동자의 모습이 드러나는 것이다.

마누엘 카스텔 같은 이들에게 이것은 산업적 기업들의 표본 위에서 조직된 사회의 계급적이고 중앙 집권적인 조직을 대체하기 위해 등장한 '네트워크 사회'의 밑그림을 그리는 근본적인 변화이다. 정보망을 통해 상호 작용하는 독립된 개인들로 구성된 사이버 세상에 대한 희화까지는 가지 않더라도, 노동의 변화는 어마어마한 사회적·정치적 결과를 가져오지 않을까?

잘사는 나라들에서 독립적인 노동자의 수가 증가하고, 막연한 기간의 전통적인 노동 계약이 불안정해지는 추세는 움직일 수 없는 사실이다. 이런 추세가 무한히 계속될 거라고 생각하는 것은 뭔가를 무시하는 처사인데, 그 뭔가가 내게는 근본적인 것으로 여겨지며, 그들의 회사를 '중심이 없는 네트워크 기업'으로 만드는 데 가장 앞장서는 경영자들을 포함하여 모든 이가 상기하게 될 것이다. 이 근본적인 것이 바로 노동의 집단적 차원이다. 노동에서 집단적인 것은 기술 발전의 토대가 되는 실습 과정이다. 생산 집단 내의 개인들 사이에서 순환하는 것, 실습을 허락하는 것, 그것이 바로 정보이다. 하지만 정보라는 너무나 일반적인 용어는 우리를 기만할 수 있다.

오래 전부터 지금까지 사실 경제 이론은 두 가지 형태의 정보를 구별하고 있다. 우선 소위 코드화할 수 있는 정보가 있다. 이것은 간단히 말하면 글로 쓸 수 있고, 따라서 매우 적은 가격에 실시간으로 정보망을 통해 전달될 수 있는 정보를 말한다. 그 다음 또 다른 정보의 범주는 소위 무언의 정보들을 재통합한다. 이것은 글로 쓸 수 없고, 따라서 공동 노동 안에 자리잡은 모든 이의 물리적 현존이라는 과정을 통해서만 각자에게 축적된다. 따라서 이것은 함께 일할 뿐만 아니라 일정 조건에서 함께 일해야만 전달되고 축적될 수 있는 정보들이다. 물론 이것은 세계의 도처에 흩어져 있으면서 오로지 컴퓨터망으로만 연결된 채 함께 일하는 것이 아니다. 이 정보들은 우리가 서로 얼굴을 보고 의논하고 감시하고 다른 사람들의 반응을 감지하고 다른 사람들의 존재와 그들이 하는 것, 그리고 그들이 할 수 있는 바를 직감할 것을 요구한다. 이 무언의 정보들은 주로 실습 과정의 효율 속에 존재한다. 이것들이 전달되고 축적되기 위해 노동 집단 전체 혹은 일부가 같은 장소에 물리적으로 현존해 있을 것을 요구하고,

또 앞으로도 계속해서 요구할 것이다. 이론적으로 볼 때 이것은 코드화할 수 있는 지식들의 축적으로서, 코드화할 수 없는 무언의 지식들과 긴밀하게 연결되어 있다. 그러므로 하나의 기업이 독립적인 노동자들과 지나치게 많은 일의 하청 계약을 맺는 것은 득이 되지 않는다. 왜냐하면 그들은 자신들의 용역을 이 회사의 경쟁사들에게 팔 수 있기 때문이다. 회사로서는 회사에 '소속된' 안정된 사람들의 모임 속에 지식과 기량을 축적하는 편이 득이된다. 그리고 그들은 회사와 안정되고 독점적인 계약 관계를 맺게 된다. 이 모든 것을 볼 때 지난날의 임금 관계를 파괴하는 현재의 움직임은 결국 약화될 테고, 우리는 일종의 균형을 찾게 될 것으로 예상된다. 그런데 그 균형 속에서 임금 관계는 물론 수정은 되겠지만, 그것이 독립적인 노동자를 위해 사라지는 일은 결코 없을 것이다.

임금 제도가 영속하기는 하겠지만, 특히 기업들 자신의 분열과 특수화의 효과로 그 모습이 많이 달라지지는 않을까?

현대적 생산에서는 혁신과 경쟁력이 간부들뿐 아니라 단순 피고용인들의 지식과 노하우를 기반으로 삼는 경향이 점점 더 커지고 있다. 따라서 순수한 감독 방식으로 일을 시키는 데 만족하는, 그리고 오직 규제에 의해서만 최대치를 뽑아낼 수 있는 임금 노동자들의 비율은 줄어들고 있다. 요컨대 경영관리학에서 쓰이는 특수 용어로 표현하자면, 기업의 경영진들은 한 기업의 '인적 자본'(금전 자본에서 유추하여)의 질이 경쟁성에서 성공을 거두기 위한 중요한 요소라는 걸 잘 알고 있다. 이 인적 자본이 동원되려면 그럴 수 있도록 자극을 받아야 한다.

현재 임금 관계는 불가피하게 수정된 상태이다. 비교적 획일적이고 기간도 막연하고 임금이 기업 차원이 아닌 분야 차원, 나아가 국가 전체 차원에서 협상되던 유급 노동 계약의 보급 이후 우리는 하나의 분열을 목격하고 있다. 구매되는 것은 항상 가장 단순한 노동력이고, 그것이 공급하는 것의 강도는 여전히 규제에 의해 통제할 수 있는 하나의 극단에서 우리는 훼손된 형태의 전통적 계약을 발견한다. 그런데 그것은 긴장된 흐름 속에서, 정확히 말하면 단기간 동안 그들의 필요에 의해 노동을 사용하려는 고용주들의 의지로 인해 불안정성이라는 낙인이 찍혀 있다. 다른 극단에서 우리는 이익에 대한 직접적인 참여 형태들을 접하면서, 어떤 전문가들은 이윤의 획득에서 주주들의 금전적 자본의 형태로 된 출자만큼, 아니 그보다 더 단호하다는 사실을 확인하게 된다. 두 가지 사이에 중간적 상황의 연속체가 존재한다. 이런 변화는 기업들 자신의 분열에 의해 확대된다. 나는 '모두 망으로 연결된' 유토피아적 비전을 비판하고, 텅 비어 있지 않은 회사와 물리적으로 한 장소에 모인 노동 집단이 존속할 거라고 단언했다. 모든 것이 밀접하게 통합된 형태의 옛날 기업들——거기서는 환경미화원, 경비원, 운전사, 경리, 컴퓨터실, 연구하는 엔지니어, 방식을 정하는 엔지니어와 제작하는 엔지니어, 다양한 유형의 근로자 등이 공존했다——은 많은 기능들을 독립 기업들 쪽으로 외부화했고, 그들이 집합시키는 전문가들의 관점에서 더 동질적인 실체의 집단으로 재조직했다.

▌ 당신이 그렇게 묘사하는 것이 《부유한 세상, 가난한 국가
들》의 다니엘 코엥 같은 일부 학자들이 '선택적 짝짓기'
라고 부르는 것의 원인이 아닐까? 그들은 이것이 현재의 불
평등의 주된 원인이라고 생각한다.

대기업 포드가 분열하여 더 작고 더 동질적인 실체들로 통합된
것은, 사실 기술의 발달이 불평등의 증가를 낳는다는 주장의 보
다 복잡한 버전인 선택적 짝짓기 이론을 토대로 한 것이다. 다니
엘 코엥은 제3차 산업혁명의 발달이 이러한 현상의 근본적인 이
유라고 보고 있는데, 이것이 최고 기업들은 최고 기업들과 재결
합하게 해주고 나머지 기업들은 그들끼리 알아서 해결하도록 내
버려두고 있다. 통합된 포드 회사에서 환경미화원, 중간 기술자,
천재적인 컴퓨터 전문가가 동일한 임금 일람표 안에 분류된 채
지점 차원에서 협상되었고, 그것이 그들간의 격차를 고착시켰다.
환경미화원이 다른 미화원들과 함께 용역 회사에 있을 때, 기술
자가 애초의 작은 규모의 회사에, 컴퓨터 전문가가 이제 막 출발
한 소프트웨어 회사에 있을 때 시장을 제외하고는 아무것도 그
들을 연결시키지 못한다. 이것은 명백한 사실이지만, 그렇다고
이것이 그들의 임금이 대립하는 까닭을 전부 설명하지는 못한다!
내 생각을 말하자면, 이같은 현상을 이해하려면 그들이 글로벌
라이제이션 과정에서 어떻게 다양한 방식으로 흡수되는지를 분
석해야 한다. 선택적 짝짓기 이론은 따라서 서술적인 면에서는

흥미롭다. 하지만 기술의 발달에만 책임을 돌리는 모든 이론들처럼 이 이론은 불평등 증가의 깊은 원인을 간과하고 있다.

국가가 할 수 있는 것

당신은 우리의 대화에서 국가들은 그들의 조종 가능 범위의 일부를 잃어버렸다고 말했다. 이런 상황에서 그래도 국가들이 경제의 역동성에 영향을 미치기 위해, 그리고 특히 불평등을 감소시키기 위해 할 수 있는 일은 무엇인가?

이런 본질적인 문제에 대한 토론이 적어도 프랑스에서는 한쪽 극단에서 다른 한쪽 극단으로 상당히 빠르게 넘어갔다. 최근까지 주된 담론은 글로벌라이제이션이 경제의 역동성에서 힘의 지렛대의 대부분을 정부로부터 빼앗았다고 주장하는 것이었다. 가장 자유로운 담론들은 영광의 30년의 앙금인 경제에 대한 국가의 모든 개입이 사실은 반생산적이고 비효과적이었기 때문에 결국 글로벌라이제이션이 훌륭한 것이라고 덧붙였다. 좀더 최근에 우리는 프랑스에서 경제적 숙명론을 반대하는 반란을 목격하고 있다. 그것은 정치의 회귀를 설교하며, 국가는 모든 것을 할 수 있다고, 불평등을 줄이고 불리하다고 판단된 과정을 중단시키려면 그에 필요한 조처를 취하기만 하면 된다고 주장한다. 그렇다, 이전 국면에서는 국가가 부인할 수 없는 자유를 간직하고 있다는 것을 입증하는 일이 필수적이었는데, 오늘날의 과제는 그보다는 이 자유의 현실적인 한계를 정하는 것이 되었다. 그러므로 우선 국가들이 포기한 것부터 떠올리자. 국가들이 사용하기를 포기한

첫번째 자유는 인플레이션에 의지하는 것이다. 인플레이션은 경제 정책의 한 도구로, 그것의 힘과 효과는 아무리 강조해도 부족함이 있을 것이다. 인플레이션은 하나의 영토 안에서 다량이지만 통증 없는 대량 이동을 가능케 해주는데, 왜냐하면 그 이동이 과시되거나 토론에 부쳐지지 않고 점진적이기 때문이다. 전문적 표현을 빌리자면, 이것은 정부들의 통화 정책이 이제부터는 자본의 자유로운 순환에 의해 좁은 한계 속에서 구속당하기 때문이다. 그들의 대외 무역 정책도 마찬가지인데, 그것은 그들이 허가한 상품 유통의 자유가 커졌기 때문이다. 그럼에도 불구하고 오늘날 잘사는 나라의 정부들은 매년 그들의 영토에서 생산되는 부의 35퍼센트(일본, 미국)에서 65퍼센트(스웨덴)를 징수하여 재충당하고 있다. 그리고 프랑스(55퍼센트)처럼 많이 징수하는 나라들의 경우에도 비율이 줄어들지는 않지만 대신 점차 안정되어 가고 있다. 이런 상황에서 정부들에 의해 징수된 이 재정적 유출을 단순히 안으로 유도하는 것이 절대적으로 중요한 자유의 일부임에는 분명하다.

우리는 하나의 예를 들어 그것을 설명할 수 있다. 1997년 프랑스 실업자들의 움직임에 의해 요구된 최저생계비의 막대한 인상은 정부에게 1년에 1천7백억 프랑이라는 비용을 부담시킬 것이다. 그런데 1천7백억 프랑은 정부의 1년 징수액 전체의 약 4퍼센트에 해당된다. 달리 말하면 이 요구는 일부 항목을 정부 지출의 1퍼센트를 차지하는 다른 항목으로 이동시킴으로써 세금을 인상하지 않아도 4년 만에 충족시킬 수 있다는 얘기이다. 그 누가 이것이 가능하지 않다고 생각하겠는가? 나는 최저생계비의 인상이

임금의 서열 전반에 어떤 효과를 끼칠지, 또한 그 효과가 일자리에서의 결과라는 관점에서 볼 때는 논의의 여지가 있다는 것도 너무나 잘 알고 있다. 하지만 지금 나는 이 조처가 초래할 연쇄 결과를 토론하고 있는 것이 아니라 그저 이 예를 통해 수많은 실업자의 눈에는 묵직하고 화려하게 보이는, 그리고 '비현실적'인 것으로 단호하게 거부된 어떤 조처가 실제로는 정부의 지출 중에서 하나의 작은 이동만을 가져온다는 것을 설명하고 싶은 것이다. 이것이 이 예의 유일한 의미이다. 따라서 정부들이 예산상의 힘을 갖고 있다는 것은 부인할 수 없는 사실이다. 세수입과 사회보장 공제의 전체적인 수준을 정할 수 있는 힘, 그것은 나라마다 다를 수 있고, 수준이 가장 낮은 나라에서는 오를 수도 있다. 그리고 세수입을 이런저런 목적으로 사용할 수 있는 힘, 이것은 중요한 힘으로 남아 있다.

그들은 왜 그것을 사용하지 않는가? 또는 왜 더 이상 사용하지 않는가?

그 까닭은 당신도 나만큼 잘 알고 있다. 그것은 그 힘의 내용이 피에르의 것을 빼앗아서 폴에게 주는 것임이 분명하기 때문이다. 그런데 피에르의 것을 빼앗아서 폴에게 주는 행위는 피에르의 적대적인 반응을 유발하기 마련이다. 따라서 이런 종류의 정책은 가능하긴 하지만 즉시 분쟁을 일으킨다. 이것이 어려움의 근원이다.

그 말은 즉 폴에게 주기 위해서는 피에르의 것을 빼앗아야만 한다는, 그러니까 근본적으로 부의 생산은 더 이상 없고, 다만 관리와 분배만이 있다는 말인가? 현재의 어려움들은 부의 불충분한 증가의 결과가 아니던가? 그래서 모든 양도가 고통스럽게 된 것이 아닌가? 부가 강력하게 증가하는 상황에서는 이런 사태가 벌어지지 않던데.

부가 증가하는 상황만이 아니라 인플레이션 상황에서도 그렇다! 하지만 당신도 내가 무슨 대답을 할지 알고 있다. 부 자체의 증가는 절대로 문제가 아니다. 오직 불평등 문제만이 존재한다. 나는 이것을 인정하기 어렵다는 것을 안다. 그러니 일반론에서 벗어나서 더할 수 없이 현실적인 예를 하나 들어 보자. 유럽의 실업이 그것이다. 아무도 손해 보지 않고 실업을 없앨 수 있는 정책이 존재하는가? 나는 유럽에서 실업의 감소는 어떤 경우에도 소비나 투자의 활성화라는 거시경제학적인 정책들만의 결과일 수는 없다고 생각하는 사람들 편에 속한다. 달리 말하면 유럽의 실업 문제에는 단순히 경기 차원만 있지 않고 구조적인 차원도 있는 것이다. 그러므로 실업을 줄이기 위해서는 구조적 내용을 가진 정책들이 필요하다. 모든 사람이 우리가 할 수 있는 일이 무엇인지를 알고 있다. 실업의 감소는 경제 이론을 위한 문제가 아니다. 더군다나 탁월한 해결책이 있는 것도 아니다. 여러 가지 유형의 경제 정책들이 구조적 실업을 감소시킬 수 있을 것이다. 아주 간략하게 말해 세 가지 유형의 해결책이 가능하고, 더불어 그 세 가지의 어떠한 결합도 가능하다.

첫번째는 자유주의적 해결책이다. 즉 최저임금 제도를 폐지하고 노동 시장에 유연성을 부여함으로써 시장이 모든 범주의 노동력의 가격을 자유로이 정하게 하는 것이다. 이 방법은 하나의 변형을 허용하는데 저임금에 대한 세금 부담을 철저하게 낮춘다는 것이다. 두번째 해결책은 노동 시간을 줄이는 것이다. 이 해결책은 그 자체만으로도 하나의 발전을 이룩한 공이 있는데, 노동 시간을 줄이는 방식이 매우 다양할 수 있기 때문이다. 파트타임제의 강력한 개발, 법적 노동 시간의 감소, 일반적인 의무 노동 시간의 감소 혹은 경쟁 분야 또는 보호받는 분야에 따라 조정되는 감소, 그리고 구속보다는 격려 체계 등이 그것이다. 그 수단에 관해서는 광범위한 토론이 있지만 노동 시간의 감소가 하나의 선택이라는 건 분명하다. 마지막으로 세번째 유형은 도전적으로 보일 수도 있는데, 그것은 새로운 공공 일자리를 창출하는 것이다. 여기에도 역시 생각할 수 있는 방법은 천차만별이다. 우리는 단순히 공무원의 일자리를 창출할 수도 있지만, 프랑스의 일부 경제학자들과 정치가들 사이에서 유행하는 방법인 '제3의 분야'의 발전을 위한 보조금을 줄 수도 있다.

## 마르틴 오브리의 일자리-젊은이들 안은 어떤가?

마르틴 오브리의 일자리-젊은이들도 실업을 위한 지출에 '활기를 불어넣는' 것, 다시 말해 단체들, 집단 실리 노동 등을 재정적으로 뒷받침함으로써 실업자들에게 보상하기 위해 사용되는 수천억 프랑을 다른 방법으로 사용하는 것을 목적으로 하는 제안들과 함께 거기에 속한다.

요컨대 상황을 간단히 분석하면 세 가지 형태의 답을 만날 수 있다. 노동 시장에 더 자유로운 기능을 맡김으로써 임금을 정하게끔 하는 것, 노동 시간을 줄이는 것, 그리고 공적 혹은 준(準)공적 일자리를 창출하는 것이 그것이다. 그리고 다시 한 번 말하지만 이 세 가지의 모든 결합도 물론 있을 수 있다. 이 정책들 모두 구조적 실업을 감소시킬 수 있다. 하지만 이것들은 모두 불가피하게 분배의 변경을 가져올 테고, 일부는 거기서 손해를 보리라는 것을 충분히 납득하는 일이 중요하다.

■ 세번째 해결책에서도 그런가?

물론이다. 왜냐하면 오늘날 실업 보상에 할당된 금액을 이보다 훨씬 더 똑똑하게 사용할 수 있는 분명한 방법들, 어떤 양도나 어떤 새로운 분배도 함축하지 않는 방법들이 존재한다면 오래 전부터 그 방법들이 적용되었을 것이기 때문이다. 개인적으로 나는 그들이 우리에게 제시하는 계획들——그러면서 그들은 우리에게 어떤 자료가 제시하는 7천억이라는 실업 비용을 부담하기만 하면 되고, 그것을 사용하기만 하면 대부분의 실업을 사라지게 할 수 있다고 설명하고 있다——은 민중을 선동하는 제안들이라고 확신한다. 세번째 유형의 해결책은 십중팔구 일자리를 가진 사람들에 대한 세무 압력의 증가를 내포할 것이다. 두번째 해결책, 즉 노동의 분배로 말하면, 만일 그것이 적어도 어떤 사람들에게 소득의 비례적 또는 준비례적 감소를 동반하지 않는다면 현실주의적인 해결책이 아닌 것이 분명하다. 우리가 아는 한 모든 사람의 소득을 유지하면서 실업을 감소시킬 수 있는 노동의 분배 제도는 없다. 결국 첫번째 해결책에 관해서는, 만일 우리가 저임금에 대한 세금 부담을 낮추는 것을 주된 내용으로 하는 변형을 채택한다면, 이 세금 부담으로 자금을 대온 수당을 다른 징수를 통해 지급하거나 아니면 수당의 인하를 받아들여야 하는 것은 당연하다. 그리고 만일 낮아지는 것이 세금 부담이 아니고 임금이라면 그땐 투명하다. 낮은 임금으로 실업자들과의 연대감에 드는 비용을 지불해야 하는 것이다.

그렇다. 하지만 그럴 경우 우리는 최저임금의 이러한 인하를 반조세로 보상할 수 있을 것이다. 비록 자유주의적인 착상이긴 하지만, 오늘날 좌익 정당들 내에는 이 방법을 옹호하는 자들이 있다.

그렇다, 시장이 최저임금의 수준을 결정하겠지만 반조세는 각자의 소득에 하한선을 세울 테고, 그것은 이를테면 현재의 SMIC (슬라이드제 전직종 최저임금)와 같을 것이다. 이 경우 하한선 이하의 임금을 받는 모든 임금생활자들은 국가로부터 불입금, 그러니까 그의 임금과 하한선간의 차액과 동등한 반조세를 받게 될 것이다. 그렇지만 그때는 이 하한선 위에 있는 자들에 의해 지불된 조세를 인상해야 할 것이다. 우리가 어떻게 하든 분배의 변화가 일어날 것이다. 따라서 그것은 우리가 앞서 정의한 의미에서 효과적인 정책, 즉 그로 인해 아무도 손해 보지 않는 정책들이 아니다. 달리 말하면 이 정책들을 하나씩 적용하는 일과, 경우에 따라 연결된 양도 작업이 끝났을 때 어떤 이들은 그것을 자신의 신세가 전보다 더 나아졌다고 생각하겠지만——실업자들은 확실히 그렇게 생각할 것이다——다른 사람들은 덜 만족스러울 것이다. 바로 그들이 불어난 국민적 연대감의 비용으로 인해 괴롭힘을 당할 사람들이고, 그 비용은 실업 문제를 해결해 줄 것이다. 거기에 모든 어려움이 있다. 검토되는 해결책이 어떤 것이든 합의나 전반적 동의, 아니면 적어도 여기서 손해를 본 고집스런 사람들에게 그들의 손실을 참고 견디도록 강요하기에 충분한 동의 같은 어떤 것을 얻으려면, 과연 누가 실업자들과의 연대감에 드는 비용을 법적으로 지불해야 하는가를 밝히는 문제에 관한 정치적 성질의 진정한 토론이 필요하다.

마르셀 고셰는 《인권 혁명》에서 "프랑스는 국민들이 공공 사안에 참여하는 나라다"라고 말했다. 이때 공공 사안이 무엇인가 말해 보자. 나는 당신이 한 토론에서 국가가 소위 공공 서비스라고 하지만, 사실은 그것이 아닌 것의 비용을 부담했다고 말하는 것을 들었다. 그때 당신은 정확히 무엇을 말하려고 했나?

그 질문에 대답하려면 넓은 의미의 국가, 다시 말해 중앙 정부는 물론 지방의 공공 단체와 국영 기업들에 의해 고용된 직원들 중에서 각기 다른 부류를 구별해야 한다. 첫번째 부류는, 경제학 용어로 '공적 재산'이라고 불리는 부 또는 용역을 생산하는 공무원들로 구성된다. 공적 재산이란 무엇인가? 그것은 바로 본질적으로 사적 기업에 의해 생산될 수 없는 재산이다. 이유는 간단하다. 만일 사적 기업이 그것을 생산한다면, 그 기업은 그것을 사용하는 사람들에게 비용을 지불하게 할 수가 없을 것이다. 왜냐하면 이런 유형의 재산은 일단 생산된 뒤에는 누구도 그것을 소비하지 못하도록 제외시킬 수 없기 때문이다. 공적 재산의 예로는 다음과 같은 것들이 있다. 핵무기 억제력 또는 초창기의 텔레비전처럼 코드화되지 않은 전파의 광고 없는 텔레비전. 하나의 부 또는 공적 용역의 생산에 필요한 자금을 대기 위해 그의 특권들 가운데 하나인 세금거두기라는 방법을 사용하는 것이 국가가 할 일이다.

## 하지만 정말로 많은 공적 재산이 존재하는가?

엄격한 의미의 공적 재산은 사람들이 생각하는 것처럼 그렇게 많지는 않다. 하지만 공무원들이 '진정한' 공적 재산을 생산한다는 사실에는 이론의 여지가 없다. 가장 자유주의적인 이론가들조차 이러한 부의 존재와, 그것을 생산하는 일이 국가의 역할 중하나라는 것을 인정하고 있는 실정이다.

국가에 의해 고용된 사람들의 두번째 부류는, 엄밀하게 말하면 문제의 부가 공적 재산이 아닌데도 시민들에게 무상으로 제공되는, 따라서 거기에 드는 비용을 세금으로 충당하는 부와 용역을 생산하는 공무원들로 구성된다. 이를테면 교육이 거기에 해당된다. 우리는 모든 학교가 사설 기관이고, 각각의 가정이 자식들을 위해 하나의 교육 용역을 사야 하는 교육 제도를 얼마든지 상상할 수 있다. (적어도 어떤 나라들에서 어떤 수준의 교육, 특히 고급 수준의 교육의 경우에는 이것이 존재한다.)

세번째 부류는 거기에 드는 비용을 주로 세금으로 충당하지 않는 부를 공급하는 공기업들의 피고용자들로 구성되는데, 그것은 소비자가 그들에게 돈을 지불하고 국가는 이 기업들의 예산 부족을 메우기 위해 때로 보조금을 지급하기 때문이다. 내 머리에는 전기 · 물 · 철도 · 통신 등이 떠오른다. 이것들은 최근까지 프랑스에서 공공 기업들에 의해, 공무원들의 그것과 매우 흡사한 지위를 가진 임금노동자에 의해 생산되어 왔다.

**그러니까 국가가 이 마지막 두 개의 부류에까지 자신의 활동을 확장하는 것은 지나친 일인가?**

국가가 엄밀한 의미의 공적 재산을 공급하는 것 이외의 다른 일을 해야만 하는 경제적 이유는 하나도 없다. 어떤 나라에서는 정확히 말해 공적 재산이 아닌 부와 용역은 국가에 의해 무상으로 공급되고, 프랑스에서 교육이 그렇듯 세금으로 그 자금을 충당하며, 이런 부와 용역을 팔지만 부분적으로는 보조금을 받는 공기업의 범위 안에서 생산된다. 사정이 그렇다면 그것은 그들이 정치적인 이유들 때문에, 그리고 공적 제도 혼자서 보장할 수 있는 것보다 더 공평한 분배라는 점을 고려해서, 이런 부와 용역을 순수하게 사적으로 생산하는 것보다는 이런 제도가 더 바람직하다고 판단했기 때문이다.

> 사실 국가는 공공 서비스를 원래는 그것이 아닌 영역에까지 확장시키고 있는데, 그것도 양도를 실천하는 것인가?

프랑스에서 전기의 생산, 양도, 분배, 전화와 철도는 공기업들의 범위 안에서 계획되었고, 그 기업들 중 일부는 보조금을 받았는데(혹은 철도의 경우 아직도 보조금을 받고 있다), 그렇게 된 이유들 중 하나는 우리가 이런 용역들의 공급은 모든 사람이 접근할 수 있도록 준비되어야 한다고 생각했기 때문이다. 이런 계획은 실제로 이중 양도 현상을 낳았다. 첫번째는 보조금이 있을 때 납세자들 전체는 평균 가격의 인하에 드는 비용을 부담하고, 그로 인해 이용자 전체가 이득을 보는 것이다. 두번째는 우리가 경제학에서 '교차하는 보조금'이라고 부르는 것이다. 이 용어는 단순히 당신이 사는 장소가 어디든 상관 없이 전화선을 설치할 때 계산서에 기재되는 금액은 동일함을 의미한다. 물론 알프스 계곡의 오지에 새로운 선을 설치하는 것이 대도시 한가운데 설치하는 것보다 더 비싸다. 두 경우에서 우리는 이런 형태의 부와 용역의 공급을 통해 첫번째 경우에는 이용자와 납세자들간에, 두번째 경우에는 이용자들간에 양도를 경험하게 된다. 따라서 부와 용역의 공급자로서 국가가 이 분야에 직접 개입하는 것은, 모든 사람이 중요한 것으로 판단된 용역에 접근할 수 있도록 순수한 시장 메커니즘의 결과인 가격 제도를 비틀 필요가 있다는 정치적 판단에서 비롯된 일이다.

그런데 이론적으로는 동일한 결과를 지향하는 또 다른 방법이 존재한다. 그 방법은 다음과 같다. 이 부와 용역은 사기업들에 의해 공급되고, 따라서 실제 가격으로 계산서에 기재된다. 그런데 만일 어떤 사람들이 이 용역에 접근할 수 없다면——하지만 우리는 그들이 여기에 접근하는 것이 정치적으로 필요한 일이라고 생각한다——우리는 보조금을 용역에 주지 않고 대신 국고 재분배 제도에 따라 직접 사람에게 지급한다. 이것은 가장 가난한 사람들의 소득을 개선시킴으로써, 그들은 우리가 최소한으로 간주하는 것을 살 수 있을 정도가 된다. 이제 토론은 두 제도의 상대적인 경제적 효율성, 노동 생산성의 변화라는 말로 평가되는 효율성에 관한 토론이 된다.

그렇다면 당신은 유럽에서 요즘 유행하는, 과거의 공공 서비스가 민영화되는 현상을 어떻게 생각하는가?

그러한 현상은 두번째 체제(사기업이 공급하고, 접근의 공평성 문제를 국고로 처리하는 것)가 공기업의 범위 내에서 공급하는 체제보다 더 효율적이라는 확신을 바탕으로 하고 있다. 사기업에서 공급하는 것이 대개는 다수의 기업들을 경쟁하게 만듦으로써 계획되고, 우리가 이런 경쟁으로부터 효율성의 지속적인 개선을 기대할 수 있다면 이것이 더 효과적일 것이다. 하지만 과거에는 공기업의 독점 분야였던 부와 용역의 공급을 민영화함으로써 국가는 당연히 이 부와 용역의 접근에 관한 정치적 문제들에 이전만큼 관심을 기울이지 않게 된다. 그렇지만 국가는 무엇이 모든 이에게 접근 가능한 가격으로 제공되는 최소의 공공 서비스에 속하는 것이고, 무엇이 사적인 요구를 충족시키는 사적인 공급이라는 메커니즘에 맡겨질 수 있는 것인지를 명확하게 정의해야 하는 상황에 놓는다.

▌ 사실 당신이 강조하는 것은, 지금 프랑스에서 시행되는 것과 같은 공공 서비스가 정치적 결정에 속하는 양도와 재분배를 실시한다는 점이다. 당신은 일탈이 하나의 여과 현상이라고 보는가?

우리는 일탈에 대해 많이 말하지만, 사실 그 말은 그와는 정반대로 훨씬 더 복잡한 규제를 제정하는 것을 의미한다. 왜냐하면 소수 개인의 독점을 감시하는 규제와 기구를 설치하는 일이, 사실 중앙 공기업이 조용히 살도록 내버려두는 것보다 훨씬 더 복잡하기 때문이다. 게다가 많은 사람들은 그것이 이 기구들 내에 국채와 무능한 상황들이 축적된 까닭이라고 생각한다. 사실 나는 개인적으로 이 일탈 혹은 재규제가 가치 있다고 생각한다. 그 것은 우리로 하여금 파리-페리괴간의 항공 노선이 존속되고 보조금을 지급해야 하는지, 이런저런 철도 노선은 존속되어야 하는지 혹은 버스로 대체되어야 하는지, 므제브에 위치한 별장은 파리 교외의 영세민 공영주택 아파트와 같은 가격으로 전화 가설비를 지불해야 하는지 등을 자문하게 만든다. 이것은 그들 자신도 그 광대한 규모를 모르는, 교차보조금을 실시하는 공기업들로 구성된 큰 기구들 내에서 은폐되어 온 일련의 문제들을 직면케 만든다. 내 생각으로는 이것이 유익한 토론들을 끌어낸 것 같다. 토론들의 결과가 어떻든, 어떤 경우엔 결국 과거의 공기업

독점 체제를 유지하는 편을 선호한다 해도 나는 절대 놀라지 않을 것이다. 왜냐하면 당신도 알다시피 그것은 하나의 정치적 선택일 터이기 때문이다. 내가 꼭 필요하다고 생각하는 것은 참다운 토론이 이루어지는 것이다. 게다가 만일 우리가 공개적인 해결 방안을 선택한다면 토론의 효율성은 개선될 것이다.

지금 당신의 논리를 당신이 언급한 정부의 역할의 다른 차원, 즉 부와 용역의 공급자로서의 정부가 아니라 재분배자로서의 역할로 확대하는 것인가?

물론이다! 그 역할을 이를테면 프랑스의 보건 체제의 현행 출자에까지 확대해야 할 것이다. 어떤 최고 관리직 부부의 경우를 예로 들어 보자. 그들은 둘이서 한 달에 6만 프랑을 벌며, 건강염려증이 심하다. 사소한 증상만 있어도 각기 다른 네 명의 전문의에게 진찰을 받으러 가고, 그러면 그 의사들은 이 부부에게 각각 2천 프랑짜리 분석을 해보라고 지시하지만, 그들은 결국 지압사에게 도움을 청하고 치료를 받기로 결심한다. 왜냐하면 지압사도 면허증을 소지한 의사이기 때문에 이 부부가 몇 달 동안 주당 치료비 3백 프랑을 환불받는 대상이 될 수 있기 때문이다. 이런 유형의 가정이, 설령 몸이 안 좋아도 조정 티켓을 고려해 이같은 종류의 절차조차도 밟으려고 하지 않는 RMI(사회 통합에 필요한 최소한의 소득) 수혜자와 같은 원칙——특히 소득과 무관하게——에 의해 의료비를 환불받는 일이 정상인가? 우리는 이 질문을 우리 자신에게 던져 보아야 할 것이다.

정부가 개입하는 수많은 분야 가운데 문제가 되는 것은 모두 본질이 같다. 우리가 근본적으로 정치적 이유들에 속하는 이유들 때문에 상업적 논리에 속하지 말아야 한다고 간주하는 것과, 상업적 논리에 맡겨질 수 있다고 간주하는 것 사이에 경계선을 긋는 게 문제이다. 왜냐하면 정부에 의해 충분히 규제되기만 한다면 상업적 논리와 그것이 내포하는 경쟁을 보다 나은 효율성 쪽으로 몰고 갈 수 있을 뿐만 아니라, 소비자로 하여금 그들의 소득을 지출하는 다양한 방법 가운데에서 더 자유로운 선택을 실천할 수 있게 해주기 때문이다.

그러니까 정부로부터 기대하는 것을 말할 자격이 있는 것은 시민이며, 시민에게 어떤 것이 정부의 '적당한' 규모인가를 설명하는 것이 경제학자의 몫이 아니란 말인가?

정부의 '적당한' 규모 문제는 하나의 등식으로 귀결된다. 사람들은 소득이 있기에 세금을 낸다. **선험적으로** 그들은 이 소득을 일부는 사적 재산으로서, 일부는 공적 재산으로서 소비할 준비가 되어 있다. (그것들은 본래 그렇거나, 또는 그들이 그렇게 간주한다.) 공적 재산의 공급자 차원에서 정부의 적당한 규모는 사람들이 공적 재산으로 간주하고 돈을 낼 준비가 되어 있는 것을 출자하기 위해 필요한 세금을 정확히 징수할 때 달성된다는 것이 그 등식이다. 만일 정부가 그보다 많이 징수하고 공적 재산을 지나치게 많이 공급한다면, 그것은 소비자를 모독하는 일이 된다. 만일 소비자에게 마음대로 선택하라고 한다면 세금은 적게 내

《 정부의 역할과
규모에 관한 문제에는
순수하게 경제학적인
해답이 있을 수 없다. 》

고, 공적 재산은 적게 소유하고, 그 돈을 사적 재산을 소모하는 데 사용하는 편을 택할 것이기 때문이다. 하지만 이를테면 만일 어떤 나라의 환경이 심각하게 파괴되고 있는 것처럼 보인다면, 거꾸로 대다수의 국민들은 그들에게 더 많은 환경 회복형 공적 재산을 보장하기만 한다면 어떤 사적 재산의 소비는 기꺼이 포기할 자세가 되어 있다고 선언할 수 있다. 이럴 경우 정부가 세금을 올리는 것은 전적으로 정당하다. 이 분야에는 기준이 없고 '적당한 규모의 정부'란 것도 존재하지 않는다. 정부의 역할과 규모는 열린 문제이며, 순수하게 경제학적인 해답이 없다. 이 문제는 집단 차원에서 선호하는 몇 가지 정치적 선택, 표현을 함축하고 있으며 그것이 모든 나라에서, 그리고 시간의 흐름 속에서 불변의 것으로 남아 있어야 할 까닭이 없다.

정치적 선택들이 행해진 분야——국민 투표가 있었다—— 가 있으니, 유로(유럽연합 회원국들이 경제통화동맹을 출범시키면서 정한 단일 통화의 명칭)가 그것이다. 그리고 내가 보기엔 진정한 심층 토론도 있는 것 같다. 한편에는 《세계화의 함정》의 한스 페테르 마르탱과 하랄트 슈만처럼 세계화의 함정들과 맞서 싸우기 위해 유로 내 정부들의 재건을 환영하는 사람도 있고, 다른 한편으로는 폴 크루그먼처럼 유럽 단일통화 과정 속에 실업과 불평등 증가의 원인 자체가 들어 있다고 생각하는 사람들이 있다. 당신의 입장은 어떤 것인가?

내게 의심할 여지없는 한 가지는 유럽 건설의 미래는 하나의 유럽 연방 국가일 수밖에 없다는 것이다. 지금 세상에서 하나의 경제적 영토, 즉 그 영토가 단 하나의 정부의 권한 아래 있지 않으면서 상품·자본·사람이 전적으로 자유롭게 유통되는 곳을 건설코자 하는 것은 바로 하나의 착오 행위이다. 그것은 이 정부가 넓은 의미에서 연방 형태, 즉 매우 큰 수준의 탈중심화 과정에 있다고 해도 그렇다. 단 하나의 주권 아래 경제적 영토를 구성한다는 것은 언젠가는 단 하나의 통화를 갖게 될 것을 가정하는 일이다. 그것이 당연한 귀결이다.

'언젠가'라는 표현이 적절한 까닭은, 유로와 함께 너무 크고 빠른 걸음을 내딛는 것은 아닌지 아는 것이 문제이기 때문이다. 지금까지는 불편한 점을 초래하기보다는 혜택을 더 많이 가져다 준 것으로 판명된 신중한 걸음들을 걸어왔는데. 문제는 어떻게 발생하는가?

내적 수준에서 유로는 우선 경쟁을 강화시키고, 그에 따라 경제 발전을 자극하는 이점이 있을 것이다. 만일 우리가 경쟁의 미덕을 믿는다면 말이다. 그 다음 유로는 화폐를 바꿔야 하는 필요성과 관련된 몇 가지 비용을 절감해 줄 것이다. 마지막으로 독일을 제외한 국가들이 통화 정책면에서 거의 모든 자유를 상실한 준비 단계(일치 과정)가 끝나면, 유로는 유럽 차원에서 이 자유를 부분적으로 되찾게 해줄 것이다. 유럽 국가들이 화폐 분야에서 되찾은 이 자유는 하나의 외적인 차원도 갖게 될 터인데, 그것은 함께 있을 때 유로와 달러 혹은 엔화간의 등가를 더 잘 조절할 수 있을 것이기 때문이다. 여기에다 만일 각각의 유럽연합국 차원에서 보호무역주의까지는 아니더라도 덜 순진한 대외 무역 정책들이 더 이상 가능하지 않다면, 유로는 유럽 영토의 경제적 통일을 향한 중요한 한 걸음으로서 유럽의 국경에서 더 똑똑한 정책을 수반할 수도 있다는 말을 덧붙이자.

불편한 점, 아니면 이 말이 더 좋다면 위험의 측면에서 유로는 한 나라가 다른 유럽 나라들의 화폐에 비해 자국의 화폐를 평가절하할 가능성을 줄여 줄 것이다. 통화 동맹의 범위 안에서 한 지역, 나아가 한 나라 전체가 이웃 지역들 또는 이웃 나라들보다 생산성의 발전이 더디면 어떻게 될까? 이것을 알려면 현존하는 연방 국가, 이를테면 미국 같은 나라에서 벌어지는 현상을 지켜보면 된다. 한 주의 경제적 상황이 악화될 때, 이를테면 온타리오처럼, 그리고 그 지역의 실업률이 높아질 때 우리는 그곳의 실업자들이 텍사스나 캘리포니아로 일자리를 찾으러 가는 것을 볼 수 있다. 만일 이 주들의 상황이 윤택하다면 말이다. 이러한 현상이 유럽에서도 대규모로, 적어도 단기적으로라도 발생할 수 있을까? 대부분의 사람들은 그렇게 생각하지 않는다. 설령 그 이유가 언어의 차이밖에 없더라도 말이다.

우리는 앞으로 피할 수 없는 발전의 차이를 축소시킬 수 있는 또 다른 방법을 생각할 수 있다. 양도는 상대적인 경제 침체를 경험한 나라들에서 공공 지출의 자금을 대는 데 사용되어 왔다. 지출은 한편으로는 즉각적인 수요를 창출하는 데, 그리고 다른 한편으로는 일정 기간 내에 그 지역이 생산성과 성장의 증가를 회복할 수 있는 능력을 강화하기 위해 하부 구조나 교육 과정을 개선시키는 데 사용될 것이다. 하지만 이를 위해서는 적어도 연방 세무 구조가 필요하고, 특히 바덴뷔르템베르크의 납세자들이 그들 세금의 일부를 안달루시아나 오베르뉴의 경제 회복을 위해 사용하는 것에 동의해야 한다.

결국 마지막 방안은 실업률 대신 물가에 의해 조절되도록 하는 것인데, 이것은 실제 물가 특히 임금에 의해 조절되는 것을 의미한다. 실제로 만일 경제 침체의 늪에 빠져 있는 어떤 지역에서 임금이 내려간다면 이 지역에서 생산된 재화의 가격이 떨어질 것이고, 따라서 이 지역이 다른 지역으로 재화를 수출할 수 있는 기회가 늘어날 테고, 그로 인해 재화를 생산할 기회도 더 많아질 것이다. 또한 만일 임금이 내려간다면 그 지역은 다른 지역의 몇몇 기업들에게 더 매력적으로 보일 것이다. 따라서 결국 공적인 이동과 이전은 적어도 한 세대 동안은 제한되어 있을 것이기 때문에 통화 동맹은 개발의 차이를 메울 수 있는 유일한 방법으로서 임금의 유연성을 채택하게 만들 것이다. 그리고 그 개발의 차이는 우리가 건설할 경제 영토 안에서는 불가피한 일이다.

통화 동맹은 존재하나 연방 정부는 부재하므로 세번째 방안만 남는 것인가? 그것의 불편한 점은 무엇인가? 임금의 유연성이 문제되는 지역의 성장을 회복하게 해주지는 않을까? 그리고 이 모든 것이 오랫동안 안정된 상태로 유지될까?

상대적인 경기 후퇴에 빠질 수 있는 지역에 진실인 것은 사실 모든 지역에 진실이다. 비록 번창하는 곳이라 할지라도 하나의 지역은 그 지역의 임금뿐 아니라 회사에 드는 경비를 구성하는 모든 것, 세무 제도 같은 것의 변화도 억제하고 싶어하는데, 그것은 현재의 번영을 잃지 않기 위해서이다. 따라서 일종의 경쟁 가능성이 열리는데 그것을 '사회적인 경쟁'이라고 부르자. 거기서 다양한 지역들과 통화 동맹국들은 일자리를 끌어들이려고, 즉 외국에 더 많이 팔거나 투자를 유치하려고 노력할 것이다. 그런데 이 방법은 당장에는 그들에게 이익이 되겠지만, 결국에는 모두의 수요와 번영을 침체시키고 말 것이다. 그리고 이것은 근거 없는 공론이 아니다.

비록 통화 동맹이 없는 상황에서도 유럽의 일부 지역들이 그들 지역의 노동 경비를 낮춤으로써 대량 실업 상황에서 벗어나는 데 이미 성공했다는 것을 우리는 잘 알고 있다. 아일랜드 · 스코틀랜드 · 잉글랜드의 경우가 그러하다. 우리는 각자가 자신의 즉각적인 이득을 추구하고 즉각적인 이익을 취하면서 일하는 합계가 마이너스가 되는 게임의 가능성이란 상황에 처하게 될 것이고, 그것은 우리 모두에게 덜 좋은 미래가 될 것이다. 그런 일은 요즘 세상에서 자주 일어나고 있다. 이제는 여러분이 이것을 납득했기를 바란다. 따라서 우리는 유로가 하나의 제약을 발생시키는 것을 알 수 있다. 즉 화폐 동맹 이후 우리는 '유럽 사회의 표본' 같은 것을 정의하고 보급시켜야 할 것이다. 그러다가 나중에는 파괴적인 경쟁과 같은 위험한 짓을 하게 될지도 모르지만 우리는 그렇게 하지 않을 수 없을 것이다. 결국 우리는 화폐 동맹의 행보 다음에 정치적 통합을 향한 또 다른 커다란 발자국을 신속하게 내디뎌야 할 것이다.

> 당신은 이런 정치적 통합이 신속히 실현될 수 없다고 생
> 각하는 듯한데?

방금 나는 우리가 이미 프랑스 차원에서, 이를테면 실업과 그
에 결부된 양도를 줄이는 방법에 관한 정치적 토론을 갖는 최대
의 고통을 겪었다고 말했다. 프랑스인들끼리만 아니라 이탈리아
인들·스페인인들·독일인들 등과도 이 모든 것에 관해 토론해
야 한다면 상황은 어떻게 될까? 오늘날 우리가 프랑스와 독일간
에 커다란 무관심이 자리하고 있다는 것, 특히 프랑스인들의 편
에서 독일인들이 어떤 사람들인가, 그들이 무엇을 원하는가, 그
들의 유럽관은 어떤 것인가에 관해 지독히 무식하다는 것을 확인
할 때 상황은 어떻게 될까? 우리는 라인 강의 모델에 대해 많은
말을 하지만 독어를 하는 프랑스인, 직업적 또는 우호적 관계의
틀 안에서 세계관·사회관에 관해 독일인들과 깊은 담화를 나누
는 프랑스인들이 얼마나 될까? 얼마나 되겠는가 말이다. 내 생각
에는 그리 많을 것 같지 않다. 물론 독일인들과만 말하는 것이 중
요한 것은 아니다! 지금까지 내가 말한 여러 가지 이유 때문에
유로에 대해 호의적이고 또 이것이 내포하는 제약들도 잘 알기
때문에, 나는 각국 내부뿐 아니라 국가들간에 엄밀한 의미의 정
치적 토론 상태를 평가하면 평가할수록 더 많이 불안해진다.

■ 오늘날 장 자크 로자 같은 일부 자유주의자들이 진로를
바꾸어 유럽에 반대하자고 하는 것이 이런 이유 때문인가?

하나의 자유 교환 구역이 아닌 다른 것을 의미하는 유럽에 대
해서 수많은 자유주의자들은 항상 반대해 왔다. 왜냐하면 그들
은 최소 국가에 찬성하기 때문이다. 그리고 '브뤼셀의 관료 정치'
는 각국 정부들의 결함을 악화시킬 뿐이라고 생각하기 때문이
다. 하지만 오늘날 국가라는 개념을 둘러싸고 유럽에 반대하여 좌
파 일부에서 우파 일부, 나아가 극우파의 일부까지 아우르는 기
이한 재결집이 목격되는 것도 사실이다. 국가 개념으로의 이러한
대거 회귀 현상은 유럽 국가들의 완강한 특이성에 대한 주장, 그
리고 국가가 있을 수 있는 유일한 정치 틀이라는 신념을 바탕으
로 한 것이다. 나는 그 의견에 찬성하지 않는다. 나는 유럽 차원
의 정치적 토론의 어려움에 관한 나의 염려를 말한 바 있지만,
그것이 완전히 불가능하다고 판단하지는 않는다. 우리가 각자
가진 정치 개념은 가지각색이고, 그들의 것은 국가적인 색채가
강한데 반해 나는 정치란 근본적으로 국가와 무관해야 한다고
생각한다. 그것은 의식의 문제이다. 그것은 국가와 무관한 상태
에서 우리가 원하는 바를 생각하는 것이고, 그 다음에는 우리가
원하는 바를 가능한 순서대로 국가에 명령하는 것이다. 그러므로
나는 언어 문제만 빼면 독일인들 또는 이탈리아인들과 함께 정
치를 하여, 우리가 원하는 바를 유럽의 최고 결정 기관에 명령하
지 못할 이유가 없다고 생각한다.

▌ 그러니까 당신은 이제부터는 정치가 유럽 차원에서 행해
▌ 져야 될 거라고 생각하는 건가?

모든 정치적인 문제를 유럽 차원에서 거론할 필요는 없다. 우
리가 언급한 문제들 중 일부, 이를테면 우리가 공공 서비스에 부
여하는 개념과 그것의 확대 같은 것은 국가의 틀 안에서 토의될
수 있다. 실업 문제도 가능한 정책의 세 가지 유형의 조합과 그
에 결부된 양도의 본질은 국가적 차원을 유지할 수 있으며, 유럽
국가들간의 어떤 양립성을 주의해서 살펴보는 것으로 충분하다.
하지만 미래의 '자본주의 유럽'의 내용과 관련하여 유럽 차원에
서만 해결할 수 있는 다른 문제들도 있다.

▌ 이 자본주의 유럽 밖의 정치는 어떠해야 되겠는가? 당신
▌ 은 덜 순진하고 더 똑똑한 대외 정책을 암시한 바 있다.
그것을 통해 말하고자 한 것은 무엇인가?

글로벌라이제이션 이야기로 돌아가자. 우리는 오늘날 글로벌
라이제이션이 야기시킨 경제의 역동성이 내부적으로는 불평등
이란 결과를 초래한 것을 보았다. 그렇다고 글로벌라이제이션
과정을 통제해야 할까? 그리고 화폐면에서 통합되고 하나의 연
방 정부를 갖게 된 유럽이 이 분야에서 취할 수 있는 입장은 어
떤 것일까? 폴 크루그먼을 선두로 한 미국의 경제학자들, 미국의
경제학자들을 선두로 한 대다수의 경제학자들은 실업과 불평등
을 낳은 것이 글로벌라이제이션이 아니라 기술의 발전임을 입증

하기 위해 무진 애를 쓰고 있다. 우리가 확인한 바와 같이 기술의 발전과 글로벌라이제이션이 아주 밀접한 관계를 갖고 있기 때문에 혹자에게는 쓸데없어 보일 수도 있는 이런 구별에는 중요한 정치적 차원이 있다. 실제로 만약 실업과 불평등의 책임이 기술의 발전에 있다면——인류 역사는 기술의 발전을 억제하는 것은 불가능하며, 어쨌든 바람직하지 않다는 것을 보여 주었다——할 수 있는 일은 아무것도 없다. 반면 그 책임이 글로벌라이제이션에 있다면, 우리는 **우선** 어떤 보호무역주의의 형태로 글로벌라이제이션을 제한하는 것을 고려할 수 있다. 경제학자들 사이에 활발한 토론이 벌어지고 있는 이유는, 그들 중 대부분이 보호무역주의는 거대한 사탄이라고 보기 때문이다. 그렇다면 이 문제는 절대로 금기로 여겨져서는 안 되며, 명확하고 진지한 방식으로 다뤄야 하고, 정치 토론 안으로 끌어들여야 한다고 생각한다. 그렇게 하지 않으면 우리는 모든 선동 정치가들에게 마음대로 활동할 수 있는 터전을 제공하는 꼴이 된다.

유럽의 보호무역주의 정책을 권장한다는 말인가?

우선 이론적인 면에서의 토론이란 어떤 것인가를 밝히고 넘어가자. 경제 이론은 어떤 상황에서는 보호무역주의가 그것을 실시하는 나라에게 아주 좋은 것이 될 수 있음을 너무도 충분히 증명할 수 있다. 역사의 아이러니, 이것을 가장 잘 입증한 저자들 중 하나가 바로 폴 크루그먼으로 그는 과거 그가 가졌던 노동에 대한 관심을 제한해야 할 것 같은 느낌을 받고 지금은 자유 무역의 열광적인 전도자가 되었다. 왜냐하면 그는 만일 어떤 경우 그 것이 사실일지 몰라도 일반적인 경우에는 그렇지 않을 거라고 생각하기 때문이다. 역사적인 면에서 보면 명백한 사실이 드러 난다. 가장 빠른 경기 회복의 역동성을 경험한 나라들은, 그것이 19세기 후반의 미국과 독일이든 전후의 일본이든 또는 오늘날의 신흥 국가들이든 상관 없이 항상 보호무역주의가 큰 규모를 차 지하는 정책들을 채택했다. 결국 지속적이고 항구적인 자유무역 주의 역사에는 몇몇 지배적인 강대국들, 특히 영국 같은 나라들 만이 존재해 왔으며, 그들은 극히 일시적으로만 다른 나라들을 이런 종류의 정책에 가담시킬 수 있었다. 세번째로 만약 보호무 역주의가 몇 나라에 의해 경기 회복 정책의 틀 안에서 훌륭하게 사용된 것이 사실이라면, 그것은 또한 다른 나라들을 경제적인 후진 상태로 몰아넣는 데에 일조를 한 것도 분명한 사실이기 때 문이다. 이를테면 이 나라들이 유럽연합에 들기 전 프랑코가 통 치할 때의 스페인, 또는 살라자르가 통치할 때의 포르투갈의 민 중주의적 보호무역주의가 그들의 상대적 후진의 원인들 중 하나 였다는 것은 의심할 여지가 없다. 우리는 라틴아메리카와 아프 리카의 몇몇 나라들에 관해서도 똑같이 말할 수 있다. 요컨대 일 반적인 법칙이 없는 것이다. 하지만 이론적으로나 역사에 비추어 보아서나 일반적인 법칙이 없다는 바로 그 이유 때문에 내 생각 에는 우리가 보호무역주의를 일정한 세계 안에서, 일정한 지역 을 위해, 일정한 시기에 제기되는 경험적 질문으로서 논해야 하 는 것이다.

█ 하지만 유럽 건설 분야와 같은 세계 무역의 자유에 관해
█ 서 말인데, 뒤로 돌아가는 것이 더 나쁘지는 않겠나?

보호무역주의는 금리, 이미 주어진 상황의 보호만을 뜻할 수
있다. 그리고 그런 사정으로 인해 그것은 불평등을 감소시키지
못할 뿐만 아니라 나아가 보다 작은 혁신, 지역 전체의 경제적
후퇴를 낳을 수도 있다. 그런 위험은 존재하며, 그것을 부인해서
는 안 된다. 우리가 아직 통화 동맹 체제에 들어가지 않았고, 그
다음에 올 하나의 사회적 표본, 내가 자본주의라고 부르는 것을
형성하는 모든 것의 건설은 더더욱 시작하지 않은 이상, 현 상황
에서 유럽의 보호무역주의가 제시하는 모든 제안을 나는 극도로
불신한다. 사실 나는 유럽 사회의 모델——하지만 나는 자본주
의 국가로서의 유럽을 더 좋아한다——의 정의에 필요한 한 요
소가 아닌 글로벌라이제이션의 흐름을 통제하는 모든 정책을 거
부해야 한다고 생각한다. 반대로 만일 우리가 유럽에서 영광의
30년 시절의 자본주의의 가치와 특징 몇 가지를 취하는 자본주
의 형태——단 뒤로 돌아가서는 안 되기 때문에 그것들을 그대
로 베끼면 안 된다——를 택한다면 우리는 무역의 흐름, 그리고
세계의 여타 거대한 경제 구역들과 협상된 국제 화폐 개혁들에
대한 통제를 통해 이 모델의 특수성을 옹호할 권리를 갖게 될 것
이다. 나는 무역의 흐름 **그리고** 국제 화폐 개혁들에 대한 통제를
언급했는데, 왜냐하면 큰돈들이 동요하도록 내버려둔 채 이런
흐름들을 통제한다는 것은 말도 안 되는 일이기 때문이다. 나아
가 이런 통제는 그것이 신흥 국가들의 발전을 해치는 일이 없도

록 구상되어야 할 것이다.

> 당신의 저서에서 제시한 수입세의 예가 그런 똑똑한 보호무역주의, 또는 무역의 흐름을 협상한 통제를 보여 주는 하나의 예인가?

그렇다. 그리고 나는 그 생각이 본래 내 것이 아닌 만큼 더 쉽게 말할 수 있다. 그것은 모리스 로레의 생각이다. 나는 상품 수입에 대한 세금의 이 예를 하나의 대책으로 인용했는데, 이는 실천하기는 어렵겠지만 본질적인 면에서 국내 시장을 보호하는 효과를 가져오면서도 수출을 해야만 기계와 장비를 수입할 수 있는 가난한 나라들의 성장을 방해하지는 않을 것이다. 아이디어는 간단하다. 수출에 세금을 부과하거나 쿼터제를 실시하되, 단 세금이나 쿼터 경매의 수익을 전부 수출국에 **넘겨 주는** 것이다. 그 나라에게 외국 통화로 된 벌이는 거의 같지만, 그 외국 통화를 벌기 위해 일하는 양이 줄어드는 것이다. 따라서 그 나라는 전에는 수출에 할애했던 노동의 일부를 국내 소비를 위한 생산을 확장하는 데 사용할 수 있게 된다. 이것이 신흥 국가들을 위해서는 전적으로 긍정적인 것으로 나타나는 잘사는 나라들의 보호 장치이다. 물론 잘사는 나라에게 이것은 수입 상품의 가격 인상으로 나타난다. 따라서 잘사는 나라의 소비자는 구매력면에서 약간 손해를 보게 된다. 만일 이것이 사회민주주의 형태의 자본주의, 즉 불평등 문제에 대한 전적인 무지를 동반하는 최대의 성장보다는, 약간은 취약하지만 더 평등주의적인 성장을 선호하는 어떤 자본주의의 특성을 유지하는 것을 목적으로 하는 전체 정책의 일부를 구성한다면 이 선택은 하나의 잘사는 나라에 의해 실천될 수 있다.

　　당신의 견해에 따르면 비록 갈등을 가져오기는 해도 실업, 공공 서비스, 유럽 건설 추구 등과 같은 이 문제들에 대한 해결책은 존재하며, 따라서 정부들은 경제에 영향을 끼칠 수 있는 능력을 상실했다고 보기 어렵다. 그렇다면 그들의 무능, 이를테면 프랑스에서 좌파와 우파간의 경제 계획이 불분명한 것의 원인은 무엇인가? 그것이 혹시 그들의 정부로부터 세상에 존재하지 않는 기적적인 해결책을 기대하는 시민들의 수동성 때문은 아닐까?

　　정부들의 표면적인 무능은, 세계 최고의 평균적 부의 수준에 도달한 나라들에서 글로벌라이제이션의 불평등주의적 결과를 거부하는 것을 목표로 하는 경제 정책에 관한 합의를 도출할 수 있는 토론이 부재하는 데에서 나타난 결과이다.

　　실업 문제로 돌아가자. 나는 기술적으로는 그 문제를 해결할 수 있는 대책들이 존재하며, 그 대책들은 누구나 다 알고 있다고 말했다. 그렇다고 몇몇 적용 방식에 관한 전문가들간의 밀도 있는 토론을 배제하자는 것은 아니다. 그렇지만 모든 대책은 반드시 하나의 상이한 분배 현상을 수반할 테고, 거기서 실업자들은 돈을 벌겠지만 다른 그룹들은 돈을 잃게 될 것이다. 다시 말해 연대 의식의 비용을 부담해야 될 것이다. 일례로 프랑스에서 영

" 효과적인 경제 정책들은
실제로는 그다지
많이 존재하지 않는다. "

광의 30년간의 번영에서 가장 많은 이익을 거둔 것은 국민들 가운데 어떤 계층인가 생각해 보자. 지금의 퇴직자들이 그들이라는 것을 우리는 너무나 잘 알고 있다. 이 퇴직자들이 개인적으로 젊은이들에게 그들의 퇴직금을 양도할 것을 보장하고 있다는 것, 또한 아이들이 직업을 갖지 못했을 때에는 그들의 연장된 학업에 대한 비용을 지불하고, 아르바이트나 보수가 낮은 직업을 가졌을 때에는 그들을 도와 주는 가정들이 점점 더 늘어나고 있다는 것도 물론 잘 알고 있다. 이런 연대 의식의 움직임은 매우 실질적이지만, 또한 극도로 사적인 행위이다. 우리는 이런 일들이 사적인 방식으로, 그러니까 매우 일정하지 않게 이루어지도록 내버려둘 수 있다. 하지만 우리는 또 중상층 퇴직자들(즉 평균 퇴직연금보다 더 많이 버는 모든 퇴직자들)의 공공 양도를 고려하여 젊은이들의 실업이라는 이 수치스러운 일을 해결하기 위한 이런저런 조처의 자금을 댈 수도 있다. 그렇지만 이런 결단에 이르려면 진정한 정치적 토론이 필요할 것이다. 그것이 없다면 어떤 정부가 가장 높은 퇴직연금을 축소(이는 즉시 징수 가능한 조처이다)하는 일을 떠맡고, 어떤 정부가 퇴직자 전체를 정부에 대립시키면서까지 이전 계획들의 실패를 고려할 때 그 결과들이 잠정적인 수혜자들에 의해 의심스러운 것으로 인식될 반복적인 계획의 비용을 대겠는가? 그것은 자살 행위와 마찬가지이다. 이 문제에 관한 진정한 심층 토론이 없는 채로 이런 종류의 양도를 태연하게 수행한다면, 그것이 어떤 정부든 그 정부는 다음 선거 때 틀림없이 질 테고, 그 계획을 절대로 잘 이끌 수 없게 될 것이다.

하지만 적극적인 경제 정책을 둘러싼 이 합의가 과거에 존재한 것은 어찌된 일인가? 그리고 영광의 30년으로 돌아가기 위해 대대적인 개혁들이 실시된 것은 무슨 까닭인가? 그에 대해서는 당당한 개인주의, 또는 당신이 언급하던 중산층의 정신분열증을 비난해야 할까?

우리들은 영광의 30년을 신화화시키는 경향이 있다. 그 시절이 멀어질수록 우리가 겪는 상황은 점점 더 판이하게 달라지고, 우리는 그것을 점점 더 신화로 만들고 있다. 특히 사람들은 이 기간 동안 유럽 각국, 미합중국, 일본에 의해 채택된 사회민주주의적인 정책들――케인스학파 혹은 포드학파라 해도 된다. 여기서 이름은 중요치 않다――을 효과적인 정책들로 소개한다. 우리, 이 단어들의 의미를 의심해 보자. 결과, 즉 꾸준한 성장(특히 미국을 따라잡은 유럽과 일본의)과 불평등의 감소(어쨌든 증가하지는 않았다)를 가지고 판단한다면 사람들은 실제로 그것들이 효과적이라고 판단할 것이다. 하지만 내가 효과적인 경제 정책이라고 부른 것은 이보다 훨씬 더 명확한 것이다. 아무도 해치지 않을 때, 오직 경제 요인들의 상호 작용의 효율성을 증대시키기만 할 뿐 아무것도 침해하지 않을 때 비로소 그것은 효과적인 정책인 것이다. 그런데 그런 정책들이 존 M.케인스 자신이 만든 어떤 공식을 사용하기 위해 주로 인플레이션과 평가 절하를 통해 유급 중산 계급에게 이익이 되도록 '연금생활자들의 안락사'를 실시했다는 것은 부인할 수 없는 사실이다. 따라서 나의 정의대로 하자면, 그것들은 효과적인 정책들이 아니었다. 나아가 내가 이렇게 말할 수 있는 것은, 효과적인 경제 정책이라는 것이 현실적으로는 그다지 많이 존재하지 않는다는 사실 때문이다.

내가 보기에 우리가 잊기 쉬운 것은 손해 보는 사람들이 있었다는 것뿐만이 아니라 정치적·노조적 충돌과 투쟁이 있었다는 것이다. 결국 국가는 대립되는 파벌들간의 중재자에 불과했다. 그렇다면 이를테면 연금생활자들의 충돌을 책임지고 해결한 것은 누구였나?

당신의 질문은 사실 다음과 같은 것이 된다. 영광의 30년 동안 사실 정치적인 색채가 상당히 강했던 경제 정책들에 대한 합의를 이끌어 낸 것은 과연 무엇인가? 그 중 한 가지 이유가 자주 언급되는데, 자본주의와 사회주의간에 일어났고 베를린 장벽의 와해와 함께 중단된 경쟁이 바로 그것이다. 전후의 똑똑한 중산계급은 재분배 메커니즘을 위해 순수 자본가들과 연금생활자들의 욕망을 약간은 구속할 필요가 있음은 납득했을 것이다. 당신이 말했듯이 이런 재분배의 원동력이 국가에만 있지는 않았다. 그것은 생산된 부를 가장 잘 재분배하는 방법을 획득하기 위해 정부가 임금노동자 단체, 그리고 때로는 심지어 그들의 투쟁을 지지한 결과였다.

이 중산 계급은 진보 이데올로기에 기대고 있기 때문에 지나치게 똑똑하고 지나치게 관대하지는 않은가? 자본주의와 공산주의가 경쟁한 것은 진보 이데올로기, 모든 사람을 위해 보편화된 개선의 약속을 바탕으로 한 것이었다. 그런데 오늘날에는 이런 약속이 없는 것 아닌가?

그 약속은 어떤 것이었나? 소련의 사회주의는 그것을 과학적·기술적, 그리고 물질적 유복함이란 측면에서 미국 **따라잡기**로 표현했다. 유럽에서 그것은 미국의 부의 수준에 도달하고 나아가 그것을 추월할 수 있는, 게다가 이 부가 더 공평하게 분배되는 사회를 만드는 최고의 방법으로 나타났다. 왜냐하면 제3세계에서는 식민지 신세의 탈피와 국가의 독립을 위한 투쟁들을 둘러싸고 동서간의 경쟁이 행해졌기 때문이다. 자본주의 국가들과 사회주의 국가들을 대립시키는 이런 경쟁, 그 범위를 자본주의 국가들간의 그것으로 확대해 보라! 그러면 당신은 그 당시 지배 집단뿐 아니라 상당수의 중간층, 나아가 유럽인들과 일본인들까지 그들의 과거를 고려해 과도한 경제 성장과 미국의 세계 지배를 하나의 진정한 파렴치한 행위로 간주했다는 것을 납득할 수 있을 것이다. 내 생각에는 그들이 내부 분배에서 매우 강력한 효과를 낳고——다시 한 번 말하지만 그렇다고 그것이 용어의 경제학적 의미에서 효과적이지는 않았다——따라잡기 과정을 고무한 정책들을 실시하기 위해 각 나라마다 다른 동의 형식들을 발견한 것은 이 격차를 메우려는 의지에서였던 것 같다. 따라서 우리는 근본적인 이유, 사회민주주의적 정책들이 정당화될 수 있는 이유는 경제 따라잡기였다고 주장할 수 있다!

■ 내부의 분배 갈등의 해결이 오직 국가간의 경제 경쟁의 토대 위에서만 가능하다고 말하는 것은 너무나 편협한 정치관이 아닌가?

그건 증명된 사실이다. 나는 전후 시기 동안, 그리고 오늘날까지 대부분의 정부들은 나라 안에 강력한 **국민의 경제 의식**이 존재하는 상황에서만 막대한 분배 효과를 가진 적극적인 경제 정책들을 운영할 수 있었다는 것을 관찰했다. 국민의 경제 의식은 외국에 비교할 때에만 정의될 수 있다. 내 생각에는, 그리고 내가 서문에서 제안한 부에 관해 전적으로 상대적인 시각과의 일관성 측면에서 이 국민의 경제 의식은 두 가지 형태밖에 취할 수 없다. 어떤 부유한 나라에 비해 가난한 나라라면 그것은 경제 따라잡기 의지로 표현될 것이고, 그 나라가 이미 부유하고 부유한 나라들의 선두 그룹에 들었을 때에는 '이탈'하지 않으려는 의지로 표현된다.

내 생각에는 따라잡으려는 집단적 의지가 전후 유럽과 일본의 적극적인 경제 정책들의 원동력이 되었던 것 같다. 오늘날에는 소위 신흥 국가라고 불리는 가난한 나라들이 이 경우에 속한다. 사람들이 어떻게 말하든 신흥 국가의 정부들 대부분이 IMF의 손 안에 든 꼭두각시들이 아니라는 것은 명백한 사실이다. 그들은 진정한 경제 정책들을 실시하고 있다. 국내 분배면에서 상당히 큰 결과를 낳는 선택들을 하고, 보호무역주의를 실천하며, 적극적인 통화 정책과 산업 정책 등을 갖고 있다.

물론 그 나라들의 합의를 계속 언급할 수는 없다. 왜냐하면 모

든 나라가 한 사람, 한 목소리라는 원칙을 적용하지는 않기 때문
이다. 하지만 이 정책들은 비록 그것들이 때로는 난폭한 국내 분
배 현상들로 나타나기도 하고, 적어도 얼마 동안은 국내 불평등
의 증가로 나타나기도 하지만, 그래도 잘사는 나라들을 따라잡는
가장 효과적인 방법으로 소개되기 때문에 결국에는 최소한의 합
법성을 획득한다.

우리가 당신의 말을 제대로 이해했다면, 잘사는 나라들
안에는 따라잡을 것은 없고 오직 보존하기만 하면 되기
때문에 합의가 도출될 수 없다는 말인가?

하지만 보존하는 것이 항상 당연한 것은 아니다! 로널드 레이
건과 마거릿 대처를 보라. 나는 이 두 정부하에서 경제 정책의
참다운 변화를 목격했고, 이 변화의 주동자들이 그들의 의도를
밝혔고 강령에 의해 선출됐다는 것, 그리고 오늘날의 다른 많은
나라들의 다른 정치가들과는 달리 그들이 하겠다고 말한 바를 실
천했다는 것을 확인하고 놀랐다. 왜냐고? 그들이 새로운 정책을
실시할 수 있었던 가능성은 내가 보기엔 70년대말과 80년대초
미국이 일본에 대해 가진, 그리고 마거릿 대처가 권좌에 올랐을
때 영국이 유럽의 나머지 국가들에 대해 느낀 사양길, 나아가 쇠
퇴·몰락의 의식과 밀접한 관련을 맺고 있는 것 같다. 지금 나는
투표권자들 가운데 대다수의 의식을 말하고 있는 것이다. 이는
다시 말해 미국에서는 국민의 절반만이 투표하기 때문에, 국민
의 4분의 1 이상에 의해 공유되는 확신만 있으면 정치인이 제안

한 신경제 정책 계획에 대한 동의를 형성할 수 있다는 것을 의미한다.

그러니까 내 가설은 지금까지는 사양길에 처할지 모르는 부자 나라들 안에서만 국내 불평등이 증가했고, 잘사는 나라들을 따라잡을 수 있는, 즉 국내의 불평등을 감소시킬 수 있는 입장에 놓인 가난한 나라들에서는 여러 가지 상황들이 결합하여 국내의 평등에 대한 타협점을 발견할 수 있었다는 것이다. 달리 말하면, 이런 유형의 나라들에서만 외국에 대한 어떤 계획안에서 경제를 토대로 한 국민적 의식 같은 어떤 것이 구성될 수 있다는 것이다. 적극적인 경제 정책들을 구상하고 실천하게 만드는 것이 이런 의식이다. **반대로 보면,** 상대적 하락을 자각하지 못하는 잘사는 나라들에서는 모든 적극적인 경제 정책이 우선, 그리고 처음에는 국내 불평등에 대한 거친 간섭처럼 보인다. 그러므로 그것은 즉시 분쟁을 일으키고, 이 분쟁들은 보다 높은 단계의 경제 목표에 의해 초월될 수 없다. 그런 상황에서 분배에 관한 분쟁들은 적나라하게 드러난다. 경제 등급 안에는 그것들을 해결하기 위해 놓일 수 있는 어떠한 상급 계획도——이를테면 따라잡기 같은 것——존재하지 않기 때문이다.

그러니까 당신 말은, 이를테면 유럽인들은 아직도 심하게 악화되지 않아서 적극적인 경제 정책을 실행할 수 없다는 건가?

그렇다. 만일 우리가 경제 말고 다른 것에 대한 국민적 정서(이 경우에는 유럽의)를 회복하지 못한다면 그 말이 맞다. 그리고 만일 우리가 또 다른 계획을 실행하는 데 성공한다면 그 말이 틀리다. 왜냐하면 분배를 둘러싼 분쟁들은 정치적 차원에서 해결될 수도 있기 때문이다. 이를테면 연대감의 문제들이 돈을 내는 사람들에게 "보시오, 당신 자신도 결국엔 그것이 더 낫다고 생각하게 될 거요"라고 설명했는데, 해결되지 못할 때에도 다음의 질문들에 대답함으로써 해결될 수 있을 것이다. "당신은 어떤 사회에서 살고 싶은가? 당신이 보기에 수용 가능한 불평등의 정도는 어느만큼인가? 만일 현재의 불평등이 당신이 보기에 수용 가능하지 않다면, 그리고 만일 당신이 더 높은 단계에 있다면, 당신은 불평등을 감소시키기 위해 무엇을 포기할 준비가 되어 있는가?"

어떤 이들, 이를테면 《연대감의 절대적 요청》의 앙통 브랑데르, 《모래시계 사회》의 알랭 리피에츠, 또는 《금지된 토론》의 장 폴 피투시 같은 사람들은 글로벌라이제이션과 다른 것들로부터 혜택을 입는 경쟁자들을 결합함으로써 증대된 연대감은 그래도 여전히 경제적 요청으로 남는다고 보고 있다. 그들은 날로 증가하는 불평등의 다양한 형태들(실업, 대중의 빈곤, 방치되는 교외들, 공공 서비스 공간의 감소, 지역간의 불평등 등)은 직접적으로든, 혹은 그것들의 불가피한 부산물인 사회적·정치적 단결의 상실에 의해서든 결국 경쟁자들의 경쟁력에 압박을 가하게 될 거라고 본다. 따라서 이런 불평등들이 전개되도록 내버려두는 것은 경제의 관점에서 볼 때에도 상당한 계산 착오라고 할 수 있다. 당신은 이에 대해 어떻게 생각하는가?

반대로 나는 하나의 영토 안에서 한편에는 경쟁률이 극도로 높은 집단이 풍족하고 안전한 특수 부락 안에서 그들 자신의 학교·병원·여가 공간 등을 갖고 필요에 맞게 조절된 갖춰진 통신 시설에 의해 그들끼리, 그리고 다른 영토의 경쟁자들과 함께 완벽하게 결합하여 살고 일하고, 다른 한편에는 강력한 탄압 장치로 인해 꼼짝 못하는 빈곤화된 인간 집단이 상당히 오랜 기간 동안 완벽하게 공존할 수 있다는 것이 두렵다. 이를 확인하려면 이런 모델이 매우 폭넓게 지배하던 과거, 이를테면 15세기의 베니스와 몇몇 다른 도시들을 돌아보거나, 오늘날의 브라질 혹은 일부 중국의 지방들에서 벌어지고 있는 일들, 또는 그저 간단히 미국을 관찰하기만 하면 된다.

글로벌라이제이션 때문에 적어도 가장 잘사는 나라들에서는 특권 집단들이 한 영토의 나머지 주민들을 **경제적으로 분리**시킬 수 있는 가능성과 유혹이 전에 없이 클 것이다. 왜냐하면 신흥 국가들에서는 비록 이론상으로는 필요 없다 해도, 경쟁률 높은 사람들이 가장 사회민주주의적인 정책들이 그들에게 제시하는 혜택들을 무시해서 이로울 것은 없기 때문이다. 그것들은 그들 자신을 위한 것이기도 하지만 가장 **빠른** 경제 회복의 원동력이다. 하지만 가장 잘사는 나라들에서 가장 경쟁률 높은 사람들에게, 이를테면 실업이 사라진다 한들 무슨 **경제적** 이득이 있겠는가? 아무 이득도 없는 것이다. 이것이 야기하는 국내 수요 증가는 특히 세계 시장에서 각자의 몫을 위해 자기들끼리, 그리고 다른 영토의 경쟁률 높은 사람들을 상대로 직접 싸우는 사람들에게는 하찮은 것이리라. 반대로 실업의 존재는 그들 영토의 최저 임금에 영향을 미치므로 그들 자신의 경쟁력에는 오히려 유리한 요인이 된다. 가장 잘사는 나라들에서 글로벌라이제이션의 등장으로 사라지고 있는 것, 그것은 국민 의식의 경제적 토대들이다. 잘사는 나라들에서 국민 의식의 위기는 내가 보기엔 국민의 **경제** 의식의 배치 때문인 듯하다. 왕은 벌거벗었다. 그러므로 만일 왕에게 국민과 국민 의식이 필요하다면 그것들은 지금부터는 상호 경제적 이익이 아닌 다른 것에 토대를 두어야 하며, 그것을 영토의 주민들이 잘 이해하고 있어야 한다.

## 마지막으로 경제학, 그것은 무엇에 쓸모가 있나?

사상으로서 경제학은 정부의 개입이 안정적일 때는 경제역학을 분석하는 데 쓸모가 있고, 만일 정부가 그들의 경제 정책을 바꾼다면 이 역학이 어떻게 변할 것인가를 예측하는 데 쓸모가 있다. 그러므로 경제학은 정부를 위한 가능성의 사상이다. 그리고 정치, 그것은 가능성을 살피면서 범위를 넓혀 가고, 그것들 가운데에서 어떤 것을 선택하는 것이다. 내가 정부의 표면적인 무능의 원인이라고 말한 것은 다음과 같은 것을 내포한다. 오늘날의 경제학자들은 군주에게 말할 만한 대단한 것을 더 이상 갖고 있지 못하다. 그들은 대개 좋은 학교를 다니고, 그들이 할 수 있는 일이 무엇인가를 알기에 충분한 경제학적 지식을 갖고 있다. 오늘날의 경제학자들은 경제와 관련된 선택들에 대한 정치적 토론을 촉진할 수 있도록 좀더 직접적으로 모든 사람에게 호소해야 할 것이다. 왜냐하면 우리에게 부족한 것은 그것들뿐이기 때문이다. 이를 위해서는 일상어로 표현하는 것이 적당하다. 그것은 얼마든지 가능하다. 물론 경제학에서 이론의 완성과 통계학적 확인 작업에서는 수학을 자주 사용할 수밖에 없겠지만, 추론의 중요한 결과와 요점들은 언제나 일상어로 설명될 수 있고 그렇게 되어야 하며, 또 가장 많은 사람들이 접근할 수 있고 그렇게 되어야 할 것이다.

# 참고 문헌

ALBERT, Michel, 《자본주의를 반대하는 자본주의 *Capitalisme contre capitalisme*》, 파리, 〈가까운 역사〉 시리즈, 쇠이유출판사, 1991년; 재판, 파리, 쇠이유, 〈푸앵〉 시리즈, 1998년.

AOKI, Masahiko, 《일본의 경제: 정보, 동기, 흥정 *Économie japonaise: information, motivations et marchandage*》, 앙리 P.베르나르가 영어판을 불역함, 파리, 에코노미카출판사, 1991년.

BRAUDEL, Fernand, 《자본주의의 역학 *La Dynamique du capitalisme*》, 파리, 플라마리옹출판사, 〈분야들〉 시리즈, 1988년.

BRENDER, Anton, 《연대감의 절대적 요청 *L'Impératif de solidarité*》, 파리, 라 데쿠베르트출판사, 〈자유로운 에세이 공책들〉 시리즈, 1996.

COHEN, Daniel, 《부유한 세상, 가난한 국가들 *Richesse du monde, pauvreté des nations*》, 파리, 플라마리옹출판사, 1997년.

FITOUSSI, Jean-Paul, 《금지된 토론 *Le Débat interdit*》, 파리, 아를레아출판사, 1995년.

FINLEY, Moses, 《정치의 발명 *L'Invention de la politique*》, 자니 카를리에가 영어판을 불역함, 파리, 플라마리옹, 〈분야들〉 시리즈, 1994년.

GIRAUD, Pierre-Noël, 《세계의 불평등, 동시대 세계의 경제 *L'Inégalité du monde. Économie du monde contemporain*》, 파리, 갈리마르출판사, 〈폴리오 악튀엘〉 시리즈, 1996년.

KRUGMAN, Paul, 《세계화는 죄가 없다 *La mondialisation n'est pas coupable*》, 안 생-지롱이 영어판을 불역함, 파리, 라 데쿠베르트출판사, 〈경제학을 뒷받침하기 위한 텍스트들〉 시리즈, 1998년.

LAZARUS, Sylvain, 《이름의 인류학 *Anthropologie du nom*》, 파리, 쇠이유출판사, 1996년.

LIPIETZ, Alain, 《모래시계 사회 *La Société en sablier*》, 파리, 라 데쿠베르트출판사, 1998년.

MARTIN, Hans Peter와 SCHUMANN, Harald, 《세계화의 함정 *Le Piège de la mondialisation*》, 아를르, 솔랭-악트 쉬드 출판사, 1997년.

MILNER, Jean-Claude, 《이상적인 급여 *Le Salaire de l'idéal*》, 파리, 쇠이유출판사, '쇠이유-에세' 시리즈, 1997년.

RIFKIN, Jeremy, 《노동의 종말 *La Fin du travail*》, 파리, 라 데쿠베르트출판사, 1996년; 재판, 1997년.

TODD, Emmanuel, 《경제의 환상 *L'Illusion économique*》, 파리, 갈리마르출판사, 1998년.

# 색 인

김교신
서강대학교 불문과 졸업
역서: 《어른이 되기는 너무 힘들어》《닥터 미셸》
《르 코르뷔지에》《레오나르도 다 빈치》
《라틴 문학의 이해》《노동의 종말에 반하여》 등

현대신서
107

경제, 거대한 사탄인가?

초판발행 : 2002년 8월 20일

지은이 : 피에르 노엘 지로
옮긴이 : 김교신
펴낸이 : 辛成大
펴낸곳 : 東文選

제10-64호, 78. 12. 16 등록
110-300 서울 종로구 관훈동 74
전화 : 737-2795

편집설계: 韓仁淑 李惠允 李姃旻

ISBN 89-8038-232-4 04300
ISBN 89-8038-050-X (현대신서)

## 【東文選 現代新書】

126 세 가지 생태학　　　　　F. 가타리 / 윤수종　　　　　　　근간

**【東文選 文藝新書】**

| | | |
|---|---|---|
| 1 저주받은 詩人들 | A. 뻬이르 / 최수철 · 김종호 | 개정근간 |
| 2 민속문화론서설 | 沈雨晟 | 40,000원 |
| 3 인형극의 기술 | A. 훼도토프 / 沈雨晟 | 8,000원 |
| 4 전위연극론 | J. 로스 에반스 / 沈雨晟 | 12,000원 |
| 5 남사당패연구 | 沈雨晟 | 10,000원 |
| 6 현대영미희곡선(전4권) | N. 코워드 外 / 李辰洙 | 절판 |
| 7 행위예술 | L. 골드버그 / 沈雨晟 | 절판 |
| 8 문예미학 | 蔡 儀 / 姜慶鎬 | 절판 |
| 9 神의 起源 | 何 新 / 洪 熹 | 16,000원 |
| 10 중국예술정신 | 徐復觀 / 權德周 外 | 24,000원 |
| 11 中國古代書史 | 錢存訓 / 金允子 | 14,000원 |
| 12 이미지 — 시각과 미디어 | J. 버거 / 편집부 | 12,000원 |
| 13 연극의 역사 | P. 하트놀 / 沈雨晟 | 절판 |
| 14 詩 論 | 朱光潛 / 鄭相泓 | 9,000원 |
| 15 탄트라 | A. 무케르지 / 金龜山 | 10,000원 |
| 16 조선민족무용기본 | 최승희 | 15,000원 |
| 17 몽고문화사 | D. 마이달 / 金龜山 | 8,000원 |
| 18 신화 미술 제사 | 張光直 / 李 徹 | 10,000원 |
| 19 아시아 무용의 인류학 | 宮尾慈良 / 沈雨晟 | 절판 |
| 20 아시아 민족음악순례 | 藤井知昭 / 沈雨晟 | 5,000원 |
| 21 華夏美學 | 李澤厚 / 權 瑚 | 15,000원 |
| 22 道 | 張立文 / 權 瑚 | 18,000원 |
| 23 朝鮮의 占卜과 豫言 | 村山智順 / 金禧慶 | 15,000원 |
| 24 원시미술 | L. 아담 / 金仁煥 | 16,000원 |
| 25 朝鮮民俗誌 | 秋葉隆 / 沈雨晟 | 12,000원 |
| 26 神話의 이미지 | J. 캠벨 / 扈承喜 | 근간 |
| 27 原始佛敎 | 中村元 / 鄭泰爀 | 8,000원 |
| 28 朝鮮女俗考 | 李能和 / 金尙憶 | 24,000원 |
| 29 朝鮮解語花史(조선기생사) | 李能和 / 李在崑 | 25,000원 |
| 30 조선창극사 | 鄭魯湜 | 7,000원 |
| 31 동양회화미학 | 崔炳植 | 9,000원 |
| 32 性과 결혼의 민족학 | 和田正平 / 沈雨晟 | 9,000원 |
| 33 農漁俗談辭典 | 宋在璇 | 12,000원 |
| 34 朝鮮의 鬼神 | 村山智順 / 金禧慶 | 12,000원 |
| 35 道敎와 中國文化 | 葛兆光 / 沈揆昊 | 15,000원 |
| 36 禪宗과 中國文化 | 葛兆光 / 鄭相泓 · 任炳權 | 8,000원 |
| 37 오페라의 역사 | L. 오레이 / 류연희 | 절판 |
| 38 인도종교미술 | A. 무케르지 / 崔炳植 | 14,000원 |
| 39 힌두교의 그림언어 | 안넬리제 外 / 全在星 | 9,000원 |

| | | |
|---|---|---|
| ▨ 說 苑 (上·下) | 林東錫 譯註 | 각권 30,000원 |
| ▨ 晏子春秋 | 林東錫 譯註 | 30,000원 |
| ▨ 西京雜記 | 林東錫 譯註 | 20,000원 |
| ▨ 搜神記 (上·下) | 林東錫 譯註 | 각권 30,000원 |
| ■ 경제적 공포〔메디시스賞 수상작〕 | V. 포레스테 / 김주경 | 7,000원 |
| ■ 古陶文字徵 | 高 明·葛英會 | 20,000원 |
| ■ 古文字類編 | 高 明 | 절판 |
| ■ 金文編 | 容 庚 | 36,000원 |
| ■ 고독하지 않은 홀로되기 | P. 들레름·M. 들레름 / 박정오 | 8,000원 |
| ■ 그리하여 어느날 사랑이여 | 이외수 편 | 6,500원 |
| ■ 딸에게 들려 주는 작은 지혜 | N. 레흐레이트너 / 양영란 | 6,500원 |
| ■ 노력을 대신하는 것은 없다 | R. 쉬이 / 유혜련 | 5,000원 |
| ■ 미래를 원한다 | J. D. 로스네 / 문 선·김덕희 | 8,500원 |
| ■ 사랑의 존재 | 한용운 | 3,000원 |
| ■ 산이 높으면 마땅히 우러러볼 일이다 | 劉 向 / 임동석 | 5,000원 |
| ■ 서기 1000년과 서기 2000년 그 두려움의 흔적들 | J. 뒤비 / 양영란 | 8,000원 |
| ■ 서비스는 유행을 타지 않는다 | B. 바게트 / 정소영 | 5,000원 |
| ■ 선종이야기 | 홍 회 편저 | 8,000원 |
| ■ 섬으로 흐르는 역사 | 김영희 | 10,000원 |
| ■ 세계사상 | 창간호~3호: 각권 10,000원 / 4호: 14,000원 | |
| ■ 십이속상도안집 | 편집부 | 8,000원 |
| ■ 어린이 수묵화의 첫걸음(전6권) | 趙 陽 / 편집부 | 각권 5,000원 |
| ■ 오늘 다 못다한 말은 | 이외수 편 | 7,000원 |
| ■ 오블라디 오블라다, 인생은 브래지어 위를 흐른다 | 무라카미 하루키 / 김난주 | 7,000원 |
| ■ 인생은 앞유리를 통해서 보라 | B. 바게트 / 박해순 | 5,000원 |
| ■ 잠수복과 나비 | J. D. 보비 / 양영란 | 6,000원 |
| ■ 천연기념물이 된 바보 | 최병식 | 7,800원 |
| ■ 原本 武藝圖譜通志 | 正祖 命撰 | 60,000원 |
| ■ 隷字編 | 洪鈞陶 | 40,000원 |
| ■ 테오의 여행 (전5권) | C. 클레망 / 양영란 | 각권 6,000원 |
| ■ 한글 설원 (상·중·하) | 임동석 옮김 | 각권 7,000원 |
| ■ 한글 안자춘추 | 임동석 옮김 | 8,000원 |
| ■ 한글 수신기 (상·하) | 임동석 옮김 | 각권 8,000원 |

【이외수 작품집】

| | | |
|---|---|---|
| ■ 겨울나기 | 창작소설 | 7,000원 |
| ■ 그대에게 던지는 사랑의 그물 | 에세이 | 7,000원 |
| ■ 꿈꾸는 식물 | 장편소설 | 7,000원 |
| ■ 내 잠 속에 비 내리는데 | 에세이 | 7,000원 |
| ■ 들 개 | 장편소설 | 7,000원 |
| ■ 말더듬이의 겨울수첩 | 에스프리모음집 | 7,000원 |
| ■ 벽오금학도 | 장편소설 | 7,000원 |

| | | |
|---|---|---|
| ■ 장수하늘소 | 창작소설 | 7,000원 |
| ■ 칼 | 장편소설 | 7,000원 |
| ■ 풀꽃 술잔 나비 | 서정시집 | 4,000원 |
| ■ 황금비늘 (1 · 2) | 장편소설 | 각권 7,000원 |

## 【조병화 작품집】

| | | |
|---|---|---|
| ■ 공존의 이유 | 제11시점 | 5,000원 |
| ■ 그리운 사람이 있다는 것은 | 제45시집 | 5,000원 |
| ■ 길 | 애송시모음집 | 10,000원 |
| ■ 개구리의 명상 | 제40시집 | 3,000원 |
| ■ 꿈 | 고희기념자선시집 | 10,000원 |
| ■ 따뜻한 슬픔 | 제49시집 | 5,000원 |
| ■ 버리고 싶은 유산 | 제 1시집 | 3,000원 |
| ■ 사랑의 노숙 | 애송시집 | 4,000원 |
| ■ 사랑의 여백 | 애송시화집 | 5,000원 |
| ■ 사랑이 가기 전에 | 제 5시집 | 4,000원 |
| ■ 남은 세월의 이삭 | 제 52시집 | 6,000원 |
| ■ 시와 그림 | 애장본시화집 | 30,000원 |
| ■ 아내의 방 | 제44시집 | 4,000원 |
| ■ 잠 잃은 밤에 | 제39시집 | 3,400원 |
| ■ 폐각의 침실 | 제 3시집 | 3,000원 |
| ■ 하루만의 위안 | 제 2시집 | 3,000원 |

東文選 現代新書 1

# 21세기를 위한 새로운 엘리트

## FORSEEN 연구소 (프)

김경현 옮김

우리 사회의 미래를 누르고 있는 경제적 · 사회적 그리고 도덕적 불확실성과 격변하는 세계에서 새로운 지표들을 찾는 어려움은 엘리트들의 역할과 책임에 대한 재고를 요구한다.

엘리트의 쇄신은 불가피하다. 미래의 지도자들은 어떠한 모습을 갖게 될 것인가? 그들은 어떠한 조건하의 위기 속에서 흔들린 그들의 신뢰도를 다시금 회복할 수 있을 것인가? 기업의 경영을 위해 어떠한 변화를 기대해야 할 것인가? 미래의 결정자들을 위해서 어떠한 교육이 필요한가? 다가오는 시대의 의사결정자들에게 필요한 자질들은 어떠한 것들일까?

이 한 권의 연구보고서는 21세기를 이끌어 나갈 엘리트들에 대한 기대와 조건분석을 시도하고 있으며, 구체적으로 그들이 담당할 역할과 반드시 갖추어야 될 미래에 대한 비전을 제시하고 있다.

본서는 프랑스의 세계적인 커뮤니케이션 그룹인 아바스 그룹 산하의 포르셍 연구소에서 펴낸 《미래에 대한 예측총서》 중의 하나이다. 63개국에 걸친 연구원들의 활동을 바탕으로 세계적인 차원에서 우리 사회를 변화시키게 될 여러 가지 추세들을 깊숙이 파악하고 있다.

사회학적 추세를 연구하는 포르셍 연구소의 이번 연구는 단순히 미래를 예측하는 데에 그치는 것이 아니라, 미래를 준비하는 자들로 하여금 보충적인 성찰의 요소들을 비롯해서, 그들을 에워싸고 있는 세계에 대한 보다 넓은 이해를 지닌 상태에서 행동하고 앞날을 맞이하게끔 하기 위해서 이 관찰을 활용하자는 것이다.

東文選 現代新書 31

프랑스 대학입학자격시험 대비 주제별 논술

# 노동, 교환, 기술

**베아트리스 데코사**

신은영 옮김

만일 철학이 우리 생활의 기쁨뿐만 아니라, 빈곤과 피곤의 무게를 감당할 수 없다면, 실상 이 철학은 단 한 시간의 노력을 기울일 만한 가치도 없을 것이다. 철학자가 별이 점점이 박힌 모자를 쓴 약장수는 아니지만, 또한 철학자도 추워서 빵 굽는 오븐 곁에 몸을 녹이는 사람이지만, 그는 사유에 의거해 무엇인가 신선한 것, 즉 노동의 진리와 교환의 진리, 기술의 진리 같은 진리를 발현시키는 것으로 자신의 긍지를 삼을 수 있을 것이다.

노동은 권리인가, 아니면 구속인가? 노동에 의한 소외와 실업에 의한 소외 사이의 절충점을 생각해 볼 수 있을 것인가?

임금을 지급함으로써 노동의 산물을 얻어내고, 또 그렇게 받은 임금을 주고 그 노동의 산물을 얻는 식으로 해서, 교환의 고리는 부조리한 방식으로 끊임없이 재형성되고 있는 것 같다. 사회를 재화의 유통으로 환원시킬 수 있을 것인가? 인간은 기술에 의해 구원을 얻을 것인가?

베아트리스 데코사는 이 책에서 이같은 사회적 현실에 대해 간결하고도 엄정한 질문을 던지고 있다. 그것이 논술 형태로 다루어져 있는 바, 고등학교 3학년 학생들은 여기서 자신의 사고를 자극할 만한 무언가를 찾을 수 있을 것이다.

# 경제적 공포

## 비비안느 포레스테

### 김주경 옮김

노동을 하지 않으면 신분도 사라진다. 노동이 없다면 인간은 타락한 존재에 불과하다. 노동은 임금이고, 임금은 소비이며, 소비는 생활이기 때문이다. 또한 노동은 우리들 존재의 알파와 오메가이기 때문이다. 그 일자리를 잃는다는 것은, 일반적인 의미의 생명의 범위를 벗어나는 것이다. 그것은 곧 수치인 낙인을 나타낸다.

"인간을 이용하려는 불행보다 더 끔찍한 것이 있는데 그것은 바로 이용당할 기회마저 상실하였다는 사실이다. 그래서 '수익성'을 올리는 데 이용할 만한 가치가 없는 자들의 삶도 과연 유용한 것이냐는 질문이 되풀이된다. 그런데 이 질문 또한 살아갈 '권리'를 갖기 위해서는 살아남을 수 있는 '자격'이 필요한가? 라는 질문의 반향이다. 이 질문에서는 뭔가 두려움이 새어나온다. 걷잡을 수 없는 확산을 통해 정당화된 공포는 쓸모없는 잉여 존재라고 인정된 수많은 인간들을 보지 않으면 안 된다는 데서 오는 공포"라고 지은이는 말하고 있다.

1996년 10월에 발간된 이후, 《경제적 공포》는 그것이 마치 하나의 사회적 현상으로서 취급해야할 만큼 엄청난 성공을 거두었다. 이미 17개국에서 번역되어 마르크스의 《자본론》이후 가장 많이 팔린 경제서가 되었으며, 노동문제에 관한 한 세계적인 필독서로 인정받고 있다.

東文選 現代新書 44,45

# 쾌락의 횡포

## 장 클로드 기유보

김웅권 옮김

섹스는 생과 사의 중심에 놓인 최대의 화두 가운데 하나라고 할 수 있다. 성에 관한 엄청난 소란이 오늘날 민주적인 근대성이 침투한 곳이라면 아주 작은 구석까지 식민지처럼 지배하고 있는 것이다. 이제 성은 일상 생활을 '따라다니는 소음'이 되어 버렸다. 우리 시대는 문자 그대로 '그것' 밖에 이야기하지 않는다.

문화가 발전하고 교육의 학습 과정이 길어지면 길어질수록 결혼 연령은 늦추어지고 자연 발생적 생식 능력과 성욕은 억제하도록 요구받게 되었지 않은가! 역사의 전진은 발정기로부터 해방된 인간을 금기와 상징 체계로부터의 해방으로, 다시 말해 '성의 해방'으로 이동시키며 오히려 반문화적 현상을 드러내고 있다. 저자는 이것이 서양에서 오늘날 일어나고 있는 현상이라고 말한다. 서양에서 60년대말에 폭발한 학생 혁명과 더불어 본격적으로 시작된 '성의 혁명'은 30년의 세월을 지나 이제 한계점에 도달해 위기를 맞고 있다. 성의 해방을 추구해 온 30년 여정이 결국은 자체 모순에 의해 인간을 섹스의 노예로 전락시키며 새로운 모색을 강요하고 있는 것이다. 인간은 '섹스의 횡포'에 굴복하고 말 것인가?

과거도 미래도 거부하는 현재 중심주의적 섹스의 향연이 낳은 딜레마, 무자비한 거대 자본주의 시장이 성의 상품화를 통해 가속화시키는 그 딜레마를 어떻게 극복할 것인가? 저자는 역사 속에 나타난 다양한 큰 문화들을 고찰하고, 관련된 모든 학문들을 끌어들이면서 폭넓게 성 문제를 조명하고 있다.